Haefs: Siedlungsnamen und Ortsgeschichten in Berlin
(mit Stadtgeschichte und Land Preußen, Balten und Slawen,
Fluß- und Landschaftsnamen)
und das Haus Hohenzollern

Aufnahmen auf der Vorderseite des Umschlags wie auf der
Rückseite: Dr. Eva Lindemann (Berlin)

Ortsnamenkundliche Studien

1945 begann Hanswilhelm Haefs Ortsnamen zu sammeln als »Taufurkunden der Orte« und 1948 auch deren Deutungen als »Übersetzungen der ältesten Berichte über Gründer und Gründerzeit, Gründerrechte und Gründungszwecke«. Die Beschäftigung mit Ortsnamen und ihrer Deutung führte einerseits zum »Handbuch deutschsprachiger Ortsnamen in den Grenzen des Alten Reichs von ca. 1300«, und andererseits zu einer ganzen Reihe von Bänden mit jeweils den Ortsnamen der Region.

Ein Band »Ortsnamen und Ortsgeschichten« stellt besonders deutliche Beispiele von Ahorntal über Hameln und Pappenheim, Pöchlarn, Prag, Vaduz, Greifwald, und Stralsund und Wien, Zagreb und Zerbst dar, weitere Bände die Ortsnamen und Ortsgeschichten von Baden-Württemberg und Bayer, Brandenburg (mit Preußen), Hessen, der Lausitz, Lothringen / Luxemburg / Saarland, Mecklenburg-Vorpommern, Niedersachsen / Bremen / Hamburg, Nordrhein-Westfalen, Rheinland-Pfalz, der Rhön, Rügen mit Hiddensee und Mönchgut, Sachsen, Sachsen-Anhalt, Schleswig-Holstein, Thüringen.

Dann folgen die Städte mitsamt ihren Stadtvierteln: Berlin, Bremen, Hamburg, München (zunebst dem Reich des Samo und »Nibelungenstädte«), Prag und Wien.

Schließlich Belgien, Bulgarien, die Niederlande, Österreich, Polen, die Schweiz, Slowakien, Südtirol und Tschechien. *(S. 119 ff.)*

Außerdem entstanden aus dem Material auch »Völkerkundliche Studien«. *(S. 123 ff.)*

Hanswilhelm Haefs

Siedlungsnamen und Ortsgeschichten in Berlin

(mit Stadtgeschichte und Land Preußen, Balten und Slawen,
Fluß- und Landschaftsnamen)
und
das Haus Hohenzollern

In diesem Buch befolgt der Autor nicht die amtlich vorgeschriebene Orthographie, sondern die sich semantisch ergebende: er trennt z. B. den Ortsnamen Tübingen nicht wie üblich, aber semantisch falsch Tü-bingen, sondern semantisch richtig, aber ungewohnt Tüb-ingen; schreibt auch Zahlen unter 12 nicht als Wörter, sondern ebenfalls als Ziffern, usw.

Bibliographische Information der Deutschen Bibliothek
Die Deutsche Bibliothek verzeichnet diese Publikation in der Deutschen Nationalbibliographie; detaillierte bibliographische Daten sind im Internet über <http://dnb.ddb.de> abrufbar.

März 2008
© 2008 Hanswilhelm Haefs
Textverarbeitung: Katika Frank, Remagen
Satz und Layout: Buch&media GmbH, München, nach Vorgaben des Autors
Umschlaggestaltung: Kay Fretwurst, Spreeau, nach Vorgaben des Autors
Herstellung: Books on Demand GmbH, Norderstedt
Printed in Germany
ISBN 978-3-8334-2317-8

*in memoriam meiner Eltern Annie und Hans Haefs
und für Maima, Thomas und Michael*

»Durch die Ortsnamen, die ältesten und dauerndsten Denkmäler, erzählt eine längstvergangene Nation gleichsam selbst ihre eigenen Schicksale, und es fragt sich nur, ob ihre Stimme uns noch verständlich bleibt.« *(Wilhelm von Humboldt)*

»Wer sich aufregt, hält sich für moralisch, und wer sich für moralisch hält, läßt sich von der Vernunft nicht korrumpieren.«
(Manfred Rommel)

»Wissenschaft ist nicht Besitz von Wissen, sondern Suche nach der Wahrheit.« *(Karl Popper)*

»Geschichte ist organisierte Kausalität.« *(Jorge Luis Borges)*

»Realität ist eine Halluzination, die durch Mangel an Whiskey entsteht.« *(Druidenweisheit)*

»Ein großes Werk erfordert einen Abenteurer, der zu Hause bleibt.«
(Georges Roditi)

»Die Deutung eines topischen Namens aus einem Personennamen ist sehr häufig das ultimum refugium der Etymologen. Wenn man kein Appellativum weiß, durch das ein Geländenamen erklärt werden könnte, greift man eben nach einem Personennamen.« *(Joseph Schnetz)*

»Wir lesen wohl mit den Augen, aber was wir zu sehen glauben, hängt oft davon ab, was wir zu finden erwarten.«
(Runenforscher Elmer H. Antonsen)

»Geschichtswissenschaft dient oft dazu, das Bestehende zu rechtfertigen.« *(Manfred Hanisch)*

»Eine jegliche Wahrheit hängt von ihrer Definition ab.«
(Ivana Winklerová)

Inhaltsverzeichnis

Inhaltsverzeichnis 7
Vorbemerkung 9
Abkürzungsverzeichnis 11

Berlin 15
   Zur Stadtgeschichte 18
   Die Slawen 23
Fluß- und Landschaftsnamen 30

Die Siedlungsnamen in Berlin 44

Die Markgrafen und späteren Kurfürsten von
Brandenburg, die nachmaligen Könige in bzw. von Preußen,
und deutschen Kaiser 94

Das Komma von SANS, SOUCI. Ein Forschungsbericht
   mit Fußnoten 104

Quellenverzeichnis 118
Ortsnamenkundliche Studien 119
Länderkundliche Studien 123

Vorbemerkung

Berlin wurde durch die Verfassung von 1950 zum Bundesland Deutschlands erklärt, unter der formal erst 1990 aufgehobenen Viermächteverwaltung der Siegermächte von 1945. Die Zugehörigkeit zur BRD unterlag bestimmten Restriktionen. Die Verfassung galt zunächst nur für die 3 Westzonen und bis zum Ende der DDR 1990. Im März 1998 erließ der Senat ein neues Berlin-Gesetz, durch das die bisher 23 Bezirke auf 12 reduziert wurden und das 2001 in Kraft trat.

Trotz zahlreicher Einzelarbeiten ist m. W. bisher der Gesamtbestand der Berliner Siedlungsnamen und der einzelnen Ortsgeschichten niemals vorgelegt worden. Doch haben die Bde 3, 4 und 5 des Brandenburgischen Namenbuchs das Material so vorzüglich aufbereitet, daß die Zusammenstellung dieser Siedlungsnamen nunmehr möglich ist.

Die Geschichte Berlins ist ohne die Geschichte Preußens nicht denkbar. Preußen als Staat wurde 1947 durch Kontrollratsgesetz Nr. 46 aufgelöst. Dennoch sei es in diesem Buch, wenn auch nur kurz, behandelt. Seine ganz andere ON-Landschaft lassen ON-Formen wie Tilsit, Rossitten, Schlobitten erkennen, wie sie zuletzt noch in Ostpreußen üblich waren. ON wie Darkehmen und Kaukehmen (aus lit. *kaimas* = Dorf), Stallupönen und Piklupönen (aus lit. *ponas* = Herr), ON wie Eydtkuhnen, Kubienen, Klotainen oder die von J. SCHAEFFLER in »Der lachende Volksmund« (Bonn 1931) besungenen ostpreußischen ON:

Theerwischwolka, Perkunischken,
Kuth, Czymochen, Kampinischken,
Kallenczynnen, Karkeln, Bumbeln,
Pissanitzen, Grondzken, Dumbeln,
Groß-Aszlacken und Schelecken,
Katzenduden, Kaszemecken,
Wannaguppchen, Kartzamupchen,
Groß-Asznaggern und Meschkrupchen,
Prosit, Prostken, Ackmonienen,
Liegetrocken, Salwarschienen,
Tuscheln, Tutteln, Bammeln, Babbeln,
Tullen, Spullen, Spucken, Wabbeln.

Diese ostpreußischen ON sind im Gegensatz zu den Berliner Siedlungsnamen bisher größtenteils überhaupt nicht, zum kleineren Rest nur unbefriedigend behandelt worden.
Möge man dies von den vorliegenden Buch nicht sagen müssen. Denn zwar bin ich keineswegs so arrogant oder gar größenwahnsinnig, daß ich behauptete, alle Namendeutungen seien unzweifelhaft als »richtig« anzusehen, wohl aber habe ich diese Deutungen nach bestem Wissen und Gewissen aus allen mir zur Verfügung stehenden Quellen in einer Weise zusammengefügt, daß sie ein mich überzeugendes Gesamtbild geben, was immer sich im Einzelnen noch ergeben mag.

Hanswilhelm Haefs

Abkürzungsverzeichnis

A	= Anfang		mitt.	= mittlere(s)
a	= nasaliertes slaw. »a«		mnd.	= mittelniederdeutsch
aCn	= ante Christum natum			
	= vor Christi Geburt		N, n	= Norden, nördlich
	= vor dem Jahr O		-N	= Name (FlußN = Flußname)
ahd.	= althochdeutsch		nhd.	= neuhochdeutsch
aplb.	= altpolabisch		nd.	= niederdeutsch
asä.	= altsächsisch			
askan.	= askanisch		O, ö	= Osten, östlich
aso.	= altsorbisch		o	= nasaliertes slaw. »o«
			ON	= Ortsname
balt.	= baltisch		OT	= Ortsteil
brb.	= brandenburgisch			
BRD	= Bundesrepublik Deutschland		pCn	= Post Christum natum
bzw.	= beziehungsweise			= -nach Christi Geburt
				= nach dem Jahr O
č	= tsch		PN	= Personenname
ca.	= circa		poln.	= polnisch
			PS	= Possessivsuffix
dän.	= dänisch			
DO	= Deutschritterorden		r, russ.	= russisch
dt.	= deutsch		re	= rechts
E	= Ende		S, s	= Süden, südlich
e	nasaliertes slaw. »e«		š	= sch
			Sdlg	= Siedlung
FlurN	= Flurname		slaw.	= slawisch
			ST	= Stadtteil
germ.	= germanisch		Stbz.	Stadtbezirk
GewN	= Gewässername			
griech.	= griechisch		türk.	= türkisch
HN	= Herkunftsname		ÜN	= Übertragungsname
			urslaw.	= urslawisch
idg.	= indogermanisch		urspr.	= ursprünglich
Jh.	= Jahrhundert		vorsl.	= vorslawisch
Jt.	= Jahrtausend		Vwbz	= Verwaltungsbezirk
li	= links		W, w	= Westen, westlich
MA, ma	= Mittelalter, mittelalterlich		ž	= weiches slaw. »sch« (wie »j« in frz. *journal*)

Plan und Prospect der Königl. Preussischen und Chur Brandenbg. Haupt- und Residentz-Stadt Berlin

Johann Friederich Walther, 1737

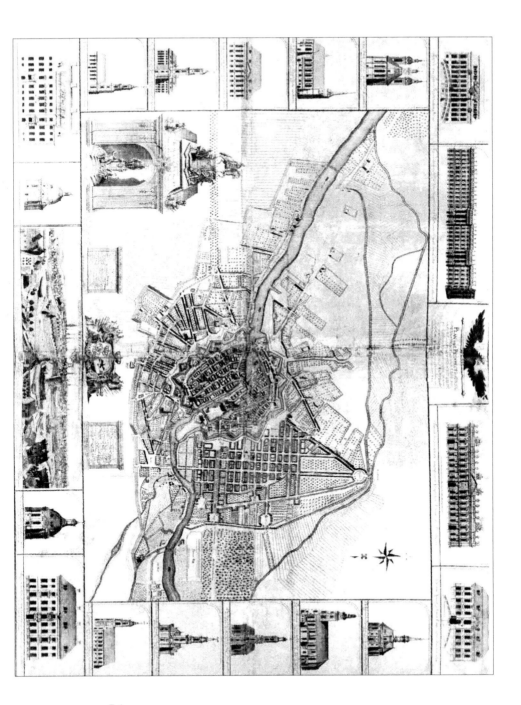

Berlin

Hauptstadt der BRD (mit Postleitzahlen, die mit 10..., 12..., 13... und 14... anfangen), Bundesland, Stadt in Niederbarnim.

Die ältesten Belege: 1244 dominus Symeon de Berlin (prepositus), 1251 de Brandenburg et de Berlin ... ciuitatem, 1275 Berlin, 1313 in Berlin, 1334 Wy Ratman ... von Berlyn vnde von Colne, 1349 tu dem Berlin, 1402 den rad von dem Berline, 1440 der Stete Berlin vnd Collen, 1539 an dorffe Panckow, vor Berlin gelegen, 1652 Zum Berlin: wohl urspr. aplb. FlurN, der sumpfiges Gelände bezeichnete, aus aplb. *Birlin, zu urslaw. *bьrl(o) = Sumpf, also etwa = Sdlg in sumpfigem Gelände.

Neben dieser Deutung aus aplb. *Birlin sind auch Erklärungen aus dem Deutschen, Slawischen, Baltischen, Niederländischen und Keltischen versucht worden.

Vergleichbar sind die ON D-23823 BERLIN bei Bad Segeberg, D-16909 BERLINCHEN bei Wittstock (1274 uille minoris Berlin ... cum duobus stagnis adiacentibus; poln. Barlinek (1375 Berlino); die Wüstung *Groß Berlin* (1229 Berlin) bei Wittstock, wohl ebenfalls nach den beiden Seen benannt (1430 de zee tu groten berlin, 1574 Der Große Berlin, der Kleine Berlin), zwei Wüstungen *Berlinchen* bei Calau; der FlurN *Berlinikin* in D-15806 SCHÜNOW bei Zossen (der früher eine sumpfige Wiese bezeichnete), die GewN 1844 *Berlins Dümpel* bei D-16248 NIEDERFINOW, 1840 *der Börl* bei D-13059 WARTENBERG in Berlin, 1767 *Der Berl-Puhl* in D-12524 FALKENBERG in Berlin usw.

Die Nachbarstädte *Berlin* und *Cölln* (1237 Symeon, plebanus de Colonia) wurden durch den Mühlendamm durch die Spree verbunden und überflügelten rasch durch ihre verkehrsgünstige Lage am Schnittpunkt wichtiger Fernhandelsstraßen von W nach O und N sowie durch die Spree *Köpenick* und *Spandau*, erhielten deshalb von den ASKANIERN in Brandenburg bereits 1307 eine gemeinsame Stadtverwaltung, die aber 1443 zunebst der wichtigsten Privilegien durch Kurfürst FRIEDRICH II. wieder aufgehoben wurde, und erst 1709 erneut erfolgte. Zugleich wurden die im 17. Jh. entstandenen Städte *Friedrichswerder*, *Dorotheenstadt* und *Friedrichsstadt* mit der Stadt B. vereinigt.

Das Territorium der Stadt B. wurde im 17. und 18. Jh. duch eine Reihe von Vorstädten erweitert: *Köpenicker Vorstadt* (seit 1802 Luisenstadt), *Stralauer Vorstadt, Georgen-Vorstadt* (seit 1701 Königsstadt), *Spandauer Vorstadt, Rosenthaler Vorstadt*; um 1828 kam die *Friedrich-Wilhelm-Stadt,* 1831 die *Friedrichs-Vorstadt* hinzu; 1861 wurden aus dem Kreis Niederbarnim *Alt-* und *Neu-Moabit* sowie die 6 *Wedding*-Bezirke und *Gesundbrunnen* eingemeindet; 1920 wurde die neue Stadtgemeinde B. gebildet durch die Eingliederung von bisher 7 unabhängigen Städten: *Charlottenburg, Köpenick, Lichtenberg, Neukölln* (vormals Rixdorf), *Schöneberg, Spandau, Wilmersdorf* sowie 56 Landgemeinden der Kreise Niederbarnim, Teltow und Osthavelland. Zu diesem Zeitpunkt bestand die *Stadt Groß-Berlin* aus 20 Stadt- bzw. Verwaltungsbezirken: Charlottenburg, Friedrichshain, Köpenick, Kreuzberg, Lichtenberg, Mitte (der den größten Teil des alten Berlin umfaßte), Neukölln, Pankow, Prenzlauer Tor (seit 1921 Prenzlauer Berg), Reinickendorf, Schöneberg, Spandau, Steglitz, Tempelhof, Tiergarten, Treptow, Wedding, Weißensee, Wilmersdorf und Zehlendorf.

Am 6. 9. 1948 wurde in Berlin-Schöneberg eine eigene Stadtverwaltung für die drei Westsektoren gegründet, am 30. 11. 1948 erfolgte die Gründung des Demokratischen Senats, am 7. 10. 1949 wurde in Berlin die DDR gegründet. Nach dem Zusammenbruch der DDR 1989 erfolgte 1991 die formelle Wiedervereinigung Berlins.

Am 26. März 1998 gab Berlin sich 78 Jahre nach der Gründung von Groß-Berlin 1920 durch den Zusammenschluß von 8 Städten, 59 Landgemeinden und 27 Gutsbezirken eine grundlegend neue Struktur. Der Beschluß trat am 1. Januar 2001 in Kraft und verschmolz die bisher 23 Bezirke der Stadt zu 12. Zusammengelegt wurden in Berlin-Mitte mit dem Regierungszentrum ab 1999 die Bezirke Mitte, Tiergarten und Wedding; Prenzlauer Berg, Weißensee und Pankow; jeweils zu zweien wurden zusammengelegt Friedrichshain – Kreuzberg, Charlottenburg – Wilmersdorf, Zehlendorf – Steglitz, Schöneberg – Tempelhof, Treptow – Köpenick, Marzahn – Hellersdorf, Lichtenberg – Hohenschönhausen; allein blieben Neukölln, Reinickendorf, Spandau.

Die Bezirksreform beendet ein Ringen der Verwaltung mit sich selbst, das seit den 20er Jahren andauerte.

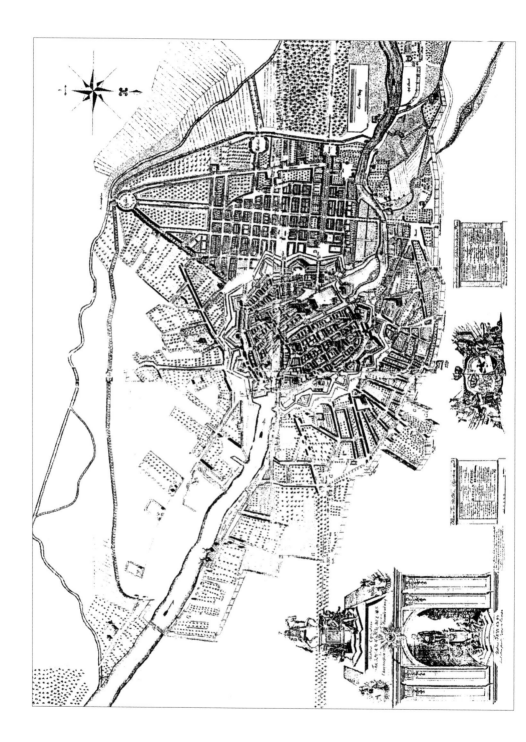

Zur Stadtgeschichte

Etwa um 1150 dürften die slaw. Sdlgen *Berlin* und *Cölln* entstanden sein, die bald zu den ö Punkten der askan. Ausdehnung wurden, da ö von ihnen bzw. den Templersdlgen *Tempelhof*, *Mariendorf* und *Marienfelde* Slawen saßen, über die die wettin. Markgrafen von Meißen die Herrschaft beanspruchten. Die Gründung nach dt. Recht dürfte um 1230 stattgefunden haben. Die sächs. Fürstenchronik berichtet um 1280, daß die Markgafen-Brüder Johann I. (1225–1266) und Otto III. (1225–1267) viele Städte erbauten und an die Spitze B. setzten, das bei seiner ersten urkundl. Nennung wie Cölln als vollausgebildete Stadt mit Propstei und Kaufmannschaft erscheint. 1251 besaß B. bereits Zollfreiheit, 1252 tagte ein Provinzialkapitel der Franziskaner in B., 1253 erteilte B. an das eben erweiterte Frankfurt/Oder eine Rechtsweisung nach Magdeburger Recht, das B. selbst von Brandenburg übernommen hatte. Zur Zollfreiheit erwarb man früh das Stapelrecht und wurde Vermittler für zahlreiche Güter des O, besonders Polens, wie Holz und Getreide, Felle und Häute, Wachs und Honig (deren Bedeutung für die Zeit garnicht hoch genug veranschlagt werden kann). Die ersten dt. Bürger kamen vom Rhein, aus Niederfranken und Westfalen, dem ostfäl. Sachsen. Zur Zeit der größten askan. Machtentfaltung 1300/1319 verbanden sich Berlin und Cölln durch ein gemeinsames Rathaus (1307 up der nyen bruggen). 1308 folgten Bündnisse mit Frankfurt/Oder und der Konkurrentin um den Residenzort Brandenburg. Nach dem Ende der brandenburg. Askanier 1319/20 geriet B. in die Streitigkeiten zwischen Wittelsbachern und Luxemburg-Böhmen. Seit 1359 ist B. als Mitglied der Hanse bezeugt.

1412 huldigte B. dem Burggrafen Friedrich VI. von Nürnberg, dem ersten Hoherzollern, als Landesherr Friedrich I., 1415 als Kurfürst. 1442 unterlag es dem Kurfürsten Friedrich II., mußte den Zusammenschluß mit Cölln aufgeben, die Zusammenarbeit mit der Hanse einstellen, den Innungen Zutritt zum Rat gewähren. Ab 1443 entstand auf Cöllner Boden ein festes Schloß, das ab 1470 als ständige Residenz der Kurfürsten diente und damit Brandenburg ablöste, und Sitz der obersten Behörden und Gerichte war. Um 1503/4 verdrängte das Hochdeutsche in der Form des Meißnischen das bisher tonangebende Niederdeutsche.

Ab 1317 ist die Zuwanderung von Juden belegt, die 1510 in der

Folge eines brutalen Hostienschändungsprozesses aus B. und der Mark vertrieben wurden. 1539 begann die Einführung der Reformation. Die hohe Verschuldung des Landesherrn führte bei seinem Tode 1571 zu einer Finanzkatastrophe, die durch eine europ. Wirtschaftskrise noch verschärft wurde. Dann kam 1567 die Pest, die die Bevölkerung halbierte, was durch Zuzug von Kaufleuten und Handwerkern aus Sachsen und vom Niederrhein ausgeglichen wurde. 1613 trat Kurfürst JOHANN SIGISMUND im cölln. Dom der Reformation bei und öffnete damit die Hauptstadt dem ungehinderten Zugang moderner geist. Strömungen WEuropas.

Kurfürst FRIEDRICH WILHELM (1640–1688), seit *Fehrbellin* der GROẞE KURFÜRST, riß B. aus seiner landesstaatl. Abgeschiedenheit und schuf die Voraussetzungen für den barocken Glanz der kommenden Jh.e im Licht des Königtums. Es entstanden die Neustädte *Friedrichswerder* (ab 1662) und *Dorotheenstadt* (ab 1668) im Vorfeld von Cölln. 1659 wurde die kurfürstl. Bibliothek (die Keimzelle der heutigen Staatsbibliothek) der Allgemeinheit geöffnet. Das Edikt von Potsdam 1685, das die frz. Glaubensflüchtlinge zur Einwanderung aufforderte, kam vor allem B. zugute. Prunk und Repräsentation im Übermaß zehrten an der Staatskasse, förderten aber zugleich Kapitalakkumulation und Bürgerwohlstand in der Residenz. Ab 1695 entstand *Schloß Charlottenburg*, 1694 wurde die *Akademie der Künste* gegründet, ab 1688 entstand als weitere Neustadt *Friedrichsstadt*. Die Neustädte wurden 1709 zur *Königsstadt Berlin* zusammengeschlossen, nachdem Kurbrandenburg 1618 als Erbschaft *Preußen* erhalten und sich 1701 FRIEDRICH III. in Königsberg zum *König in Preußen* gekrönt hatte.

Die Residenz bezahlte für Glanz und Aufstieg mit dem Abbau ihrer Verwaltungshoheiten. Ab 1734 wurden zwar die Festungswerke beseitigt, jedoch an ihre Stelle 1735 die Akzisenmauer errichtet. 1747 trat der die Polizeigewalt ausübende staatl. Stadtpräsident an die Spitze des Magistrats; das Polizeipräsidium sollte bis 1945 neben dem Magistrat die Stadt beherrschen. Nach 1750 wuchs B. zur größten Textilstadt Dtld.s. Unter FRIEDRICH DEM GROẞEN (1740–1786) erlangte B. durch die Leistungsfähigkeit seiner Gewerbe, den Charakter seiner Bewohner, den Glanz seiner Bauten, die Freiheit der Wissenschaften den Rang einer herausragenden Haupt- und Residenzstadt Mitteleuropas.

1806 erließ NAPOLÉON vom Berliner Schloß aus das Dekret über die Kontinentalsperre gegen England. 1807/8 hielt dagegen FICHTE die »Reden an die deutsche Nation«, 1809 zogen die SCHILL'schen Husaren aus B. ab, 1810 wurde die Universität gegründet und der erste dt. Turnplatz in der Hasenheide eröffnet, womit B. seinen Widerstand gegen die Fremdherrschaft deutlich machte. 1813 sammelten sich 6 000 Freiwillige.

Zwischen 1813 und 1880 gewann B. in einem einzigartigen Anlauf den Rang der größten Industrie- und Gewerbestadt Dtld.s und den einer europ. Weltstadt. Die Märzrevolution 1848 auf der Grundlage einer europ. Wirtschaftsdepression traf König wie Regierung praktisch unvorbereitet.

1772 war das *Kurfürstentum Brandenburg* zum *Königreich Preußen* geworden; die Geschichte des preuß. Staates ist die Geschichte der HOHENZOLLERN und ihr Werk. *Berlin* blieb zunächst »Hauptstadt von Brandenburg«, wurde dann aber durch das »Publikandum betreffend die veränderte Verfassung der obersten Staatsbehörden der preußischen Monarchie, d. d. Königsberg 16. XII. 1808« bzw. durch die »Verordnung wegen verbesserter Einrichtung der Provinzial-Behörden d. d. 30. IV. 1815« zu Wien zur Monarchie Preußen bzw. zur *Hauptstadt Berlin*. 1871 schuf Fürst BISMARCK das *Deutsche Reich*, in dem der Reichskanzler immer auch der preuß. Außenminister und fast immer der preuß. Ministerpräsident war; die vormals brandenburg. Besitzungen in Dtld. wurden zu Teilen Preußens. Preußen mußte andererseits einen Teil seiner Eigenstaatlichkeit an das Reich abgeben. 1871 wurde Berlin zur *Reichshauptstadt* erhoben, die sich bis 1918 durch Zuzug aus allen dt. Landen zur gesamtdeutschen Stadt entwickelte.

1920 wurde durch Zusammenschluß von 8 Städten, 59 Landgemeinden und 27 Gutsbezirken, gefördert durch die kriegswirtschaftl. Vereinheitlichungen 1914/18, *Groß-Berlin* geschaffen. Die Leistungen der Stadt- und Bezirksverwaltungen und der Preuß. Staatsregierung in der Weimarer Zeit schufen das Gesicht des modernen Berlin.

1933 riß HITLER die Macht an sich. Berlin wurde Zentrale politischer, konfessioneller, rassischer Verfolgungen, ein Ort zahlreicher Stätten nazistischer Mordtaten, am Ende des durch HITLER heraufbeschworenen II. Weltkriegs eine in ihren Funktionen zerschlagene und in ihren Kerngebieten verwüstete Metropole. Das III. Reich hatte an die Stelle der militär. Macht und disziplinierten Verwaltung Preußens die Korruption HITLERS und GÖRINGS gesetzt. Mit HITLER ging 1945 Preußen unter, das 1947 durch Kontrollratsgesetz Nr. 46 staatsrechtlich aufgelöst wurde.

Insgesamt aber ist *die preußische Zeit* für die Entwicklung Berlins so wichtig gewesen, daß an *die Geschichte Preußens* zu erinnern ist. Es begann mit dem baltischen Volk der Prußen zwischen unterer Weichsel und Memel. Die Christianisierung versuchte als erster ADALBERT von Prag (getötet 997), doch setzten die Pr. ihm wie allen Nachfolgern heftigen Widerstand entgegen. Sie wurden 1231–1283 vom *Deutschen Orden* auf Wunsch des poln. Herzogs KONRAD VON MASOWIEN bekämpft, unterworfen und christianisiert; der *DO* erhielt dafür 1226 das Culmer Land. 1237 vereinigte er sich mit dem *Schwertbrüderorden* und übernahm so auch *Livland* und *Kurland*. Danach verschmolzen die Pr. kampflos mit den Neusiedlern, zumeist dt.sprachige Bauern und Handwerker, die im Auftrag des *DO* zahlreiche Städte gründeten. Der Sitz des Hochmeisters wurde 1291 von Akko nach Venedig, 1309 nach der Marienburg (heute Malbork), 1466 nach Königsberg verlegt (nach 1530 nach Mergentheim). Der *DO* gewann 1308 Pomerellen mit Danzig, 1346 das dän. Estland, 1370 das litauische Schamaiten, 1398 Gotland, 1402 die Neumark. Gegen das vereinigte Polen-Litauen verlor er 1410 in Tannenberg und trat im 2. Thorner Frieden von 1466 Pomerellen, das Culmer Land, Marienburg, Danzig, Elbing und Ermland an Polen ab. Den Rest verwandelte 1525 der letzte Hochmeister Markgraf ALBRECHT VON BRANDENBURG-ANSBACH in ein protestant. Herzogtum. 1618 fiel das Herzogtum P. im Erbgang an Kurbrandenburg.

Der *Große Kurfürst* FRIEDRICH WILHELM erlangte im Westfäl. Frieden von 1648 Hinterpommern, Halberstadt, Minden und Magdeburg. 1657/60 erreichte er die Beseitigung der poln. Lehensoberhoheit über das Herzogtum Preußen. 1701 krönte sich FRIEDRICH III. in Königsberg als *König in Preußen* (das nicht zum Dt. Reich gehörte und in dem er deshalb souverän war). Bei der ersten Teilung Polens gewann König FRIEDRICH DER GROẞE Westpreußen (ohne Danzig), Ermland und Netzedistrikt und wurde damit vom König in Preußen 1734 zum *König von Preußen* (nachdem König FRIEDRICH WILHELM I. bereits 1720 Vorpommern mit Stettin gewonnen hatte). Damit wurde das Kurfürstentum Brandenburg zum Königreich Preußen. Die Geschichte des preußischen Staats ist die Geschichte der HOHENZOLLERN und ihr Werk.

Nachdem der *König in Preußen* zum *König von Preußen* geworden war, war – wie gesagt – z. B. Berlin weiterhin »Hauptstadt von Brandenburg«; erst durch das »Publikandum betreffend die veränderte Verfassung der obersten Staatsbehörden der preußischen Monarchie, d. d. Königsberg 16. XII. 1808« für den von NAPOLÉON erheblich verkleinerten Herrschaftsbereich des Königs von Preußen bzw. der mit ihm in Personalunion verbundenen Gebiete bzw. der »Verordnung wegen verbesserter Einrichtung der Provinzial-Behörden d. d. 30. IV. 1815« zu Wien gab es die Monarchie Preußen mit der Hauptstadt Berlin. 1871 entstand das *Deutsche Reich*, in dem die preuß. Vormachtstellung sich. u. a. dadurch zeigte, daß der Reichskanzler immer auch preuß. Außenminister und fast immer preuß. Ministerpräsident war.

Um 1335 war der Name *Pruzinlant* aufgetaucht, also = Land der Pruzzen, aber in der neuen Bedeutung, den der Begriff *Preußen* durch die Verschmelzung der pruzzischen und der deutschen Elemente erhalten hatte. Die balt. *Prußen* dürften ihren Namen von der kleinasiatischen Thraker-Stadt *Prusias* mitgebracht haben (dem heute türk. *Bursa* mit den zahlreichen Grablegungen der Osmanli-Sultane), wo sie ihre Ethno- wie Linguagenese erfahren haben dürften.   (MEL, Duden)

Die Slawen

Der Anteil der Slawen am Entstehen und dem Aufbau Mitteldeutschlands, wie er auch am hohen Anteil slaw. ON zu erkennen ist, macht es nötig, einige Bemerkungen zur Geschichte der Slawen anzubringen, die hier keineswegs aus dem Osten einwanderte und »kulturlose Heiden« waren, sondern vielmehr aus dem Süden, den Räumen des Balkans nämlich, und von dort eine ebenso eigenwillige wie eigenartige stark byzantinisch beeinflußte Kultur mitbrachten, mit der sich die Germanen spätestens ab 600 pCn auseinanderzusetzen hatten, worauf sich wohl bereits die Geschichten von den Wilzenkriegen in der frühen Fassung der Thidrekssaga, die zugleich Urfassung der Nibelungensaga war, beziehen dürften.

Wirtige Begriffe

deutsch: um 700 pCn taucht der afrz. Begriff *tieis* aus älterem fränk. **thiudisk* auf. 786 heißt es mlat. *theudisk.* Ebenfalls 786 berichtet der Kaplan KARLS DES GROßEN, WIGBOD von Trier, dem Papst von einer Synode unter dem engl. König OFFA von Mercien, die Beschlüsse seien verlesen worden *tam latine, quam theodisce, quo omnes intelligere possent* (sowohl lateinisch wie deutsch, damit alle es verstehen konnten). 786 heißt es in der fränk. Rechtssprache des Reichstags von Ingelheim gegen Herzog TASSILO VON BAYERN *quod Theodisca lingua herisliz dicitur* (was man auf Deutsch herisliz = *Hochverrat* nannte). 801 erklärt KARL DER GROßE in der Lombardei, er spreche nicht die romanische Zunge, sondern *theodisce.* Um 830 berichtet WALAHFRID STRABO von den Balkangoten, sie sprächen *theotiscus.* 871 heißt es in der Sprache der Franken, *cur scriptor hunc librum theotisce dictaverit.* 882 nennt man in St. Gallen ahd. *tiutiscae.* Um 1000 schreibt NOTKER *diutisca zunga.* Und ca. 1080 heißt es im Annolied *diutisch.* Aus all diesem läßt sich erkennen, daß ahd. *diutisc,* mhd. *tiutsch* zu ahd. *diot,* mhd. *diet* = Volk urspr. soviel bedeutet wie: in der Sprache des Volkes, also *nicht* in der Sprache der Kirche, der Herrschaft, der Fremden: dem Latein bzw. dem »Romanisch«. Erst rund 300 Jahre nach dem ersten Auftreten dieses Begriffs hat sich *diutisc* langsam zu der einengenden Bedeutung »deutsch« im Gegensatz zu etwa englisch oder französisch oder italienisch entwickelt. Damit dürften »die Deutschen« die einzigen sein, die sich nach ihrer Sprechgewohnheit benannt haben, nicht Latein zu sprechen, sondern eben einen germanischen Volksdialekt.

wendisch: der Begriff *Wende, Winde* (wendisch, windisch) bedeutet für alle Germanisch sprechenden Völker »die Slawen«. Für sie sind außerdem die Begriffe *Anten* und eben *Slawen* verwendet worden bzw. werden noch heute gebraucht.

- der Begriff *Anten* taucht 551 im berühmten Slawenexkurs von PROKOP auf, in dem er feststellt, die Anten hätten mit den Sklavenen so die Sprache, wie die Lebensweise, Sitte und Unordnung gemeinsam. JORDANES nennt sie griech. *antal* (lat. *antes*). Das aengl. kennt sie als *entas* = Riesen, Monster (so wie das Dt. später aus den Hunnen die Hünen und Heunen, also »Riesen, Monster« macht). Das alles läßt auf ein frühurslaw. *antjä* schließen, was wiederum auf ein osset. (aus dem n Zweig des Iran.) *ätt'yä* = hinter, aind. *antya* = am Ende befindlich hinweist und insgesamt wohl ein

Die St. Nicolai oder Haupt-Kirche zu Berlin
welche über 400 Jahr gestanden hat.

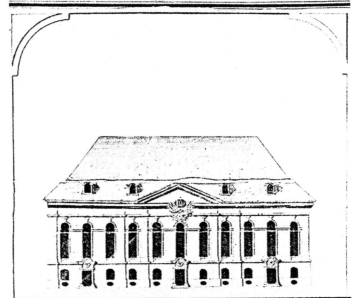

Die Königl. Garnison-Kirche, welche zu erbauen Anno
1720 angefangen, und Anno 1722 vollendet worden.

»Volk hinter der Grenze« bezeichnen sollte, eine slaw. Gruppe, die sich unter nordiran. Führung »hinter der Grenze« (des ostgerman. Herrschaftsbereich am Schwarzen Meer?) befand. Später trugen die Ostgermanen nachweisl. zur Kultur der Anten bei, die im 4. und 5. Jh. nach der »Getica« wie nach der »Tabula Peutingeriana« in der Nähe des Dnjestr im N und NO der unteren Donau weilten. (Schramm)
- die *Slawen* tauchen als Begriff wohl erstmals in der »Erotapokriseis« des PSEUDO-KAISARIOS auf, in der zu 559 berichtet wird, die *Slawen* hätten die Donau überschritten. JORDANES nennt sie in seinen Werken »Romana« und »Getica« *Sclavani* und *Sclaveni*. AGATHIAS nennt zu 556, JOHANNES MALALAS zu 559 *Sklaveno* und *Sklavo*. Es handelt sich um Begriffe, deren Lautung aus dem Bessischen (der Vorform des Gegischen und Toskischen, also: Albanischen) ins Griechische (und damit auch ins Lateinische) kamen, als Urform aber sich aus dem idg. **soluos* zum slaw. **slaw* entwickelte im Sinne von »ganz; alle, vollständig«, etwa = »die Leute, die zum Ganzen gehören, zu Allen gehören, Alle sind«, also eine Eigenbezeichnung einer Völkerschaft, mit der die Zusammengehörigkeit gegenüber den »Andersartigen« bzw. denen, die anders sprechen hervorgehoben wird. Der Begriff ist noch in den slaw. Völkernamen *Slowenen, Slowaken, Slovinzen*, den balt. *Schalwen* bzw. *Schalauer* enthalten, und im LandschaftsN *Slawonien*. Ähnlich nannten sich auch die ligur. *Salluvi* in der Gallia Narbonensis als Oberbegriff einer ganzen Anzahl von Kleinstämmen.

Aus dem idg. **soluos* entwickelte sich auch das lat. *servo, servare* = unversehrt bewahren über ein idg. **seru*, woraus sich einserseits die lat. *servi* = Diener benannten, und andererseits die im Dienste des röm. Heeres stehenden slaw. Hilfsvölker der *Serben* (die im Mitteldeutschen zu *Sorben* wurden). Aus dem idg. *seru* entwickelte sich aber auch im Awesta *haurva*, woraus die *Kroaten* ihren Namen bekamen, der also urspr. mit dem der *Slawen* und *Serben* deckungsgleich ist. (Kunst)
- als Sammelbegriff für die Vielheit der slaw. Völkerschaften taucht in der 77 pCn abgeschlossenen Erdbeschreibung von PLINIUS der Terminus *Venedi* auf, im 2. Jh. in der griech. Geographie des PTOLEMAIOS als *Uenedai* und bei TACITUS als *Venethi*, ein Begriff, der als »die Befreundeten« gedeutet. wird. Es waren wohl Ger-

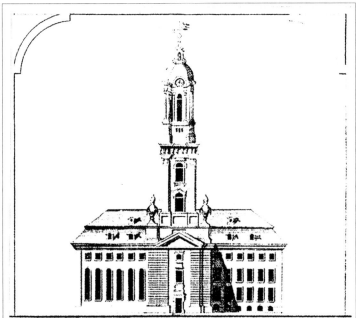

Der Neue Thurm am großen Friderichs Hospital, nebst der Kirche, und einem Theil des Hospitals, welcher Thurm gebauet in Annis 1726 et 1727.

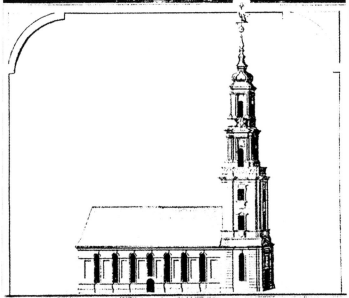

Die Kirche in der Spandauer Vorstadt nebst ihrem neuen Thurm, welcher Anno 1736 fertig werden.

manen, die als erste ihre ö Nachbarn, ein inzwischen untergegangenes unbekanntes Volk, als *Veneder, Venether* bezeichneten und diesen Begriff auf die jenen nachfolgenden Slawen übertrugen. In der »Tabula Peutingeriana« tauchen sie als *Venadi Sarmatae* und als *Venedi* auf an zwei verschiedenen Stellen, also wohl ein Oberbegriff für die slaw. Vielheit, soweit diese nicht durch den Begriff der *Anten* abgedeckt war. Heute ist der Begriff *Wenden/Winden* nur noch im Deutschen gebräuchlich, während ihn in den anderen idg. Sprachen der Begriff *Slawe* verdrängt hat. (Schramm)

Die Slawen insgesamt haben sich wohl in der idg. Urheimat in Westasien herausgebildet, sind dann zwischen Kaspi- und Aralsee nach Norden gezogen und n des Kaukasus nach Westen abgebogen, wo sie zum geringeren Teil an Wolga und Dnjestr nordwärts zogen, während ihr größter Teil unter die ostgerman. Oberhoheit am Schwarzen Meer geriet, von wo sie der Awarensturm zusammen mit den Pamir-Bulgaren mit in den Balkan riß. Dort lebten sie von ca. 500 bis ca. 800, als sie der byzant. Kaiser per Dekret aus dem byzant. Kaiserreich vertrieb und sie nach N bzw. NO abzogen, dabei aber aus dem Balkan die Namen der Orte als Übertragungsnamen bzw. Herkunftsnamen mitführten, wo sie ihre Ethnogenese erlebt hatten (die Russen z. B. aus der Gegend um *Ragusa*, die Polen aus der um *Apollonia*, die Krakauer aus der um *Korkyra* usw.). (Kunst, Kunst 1)

Die Neue Böhmische Kirche auf der Fr[iedrich]...

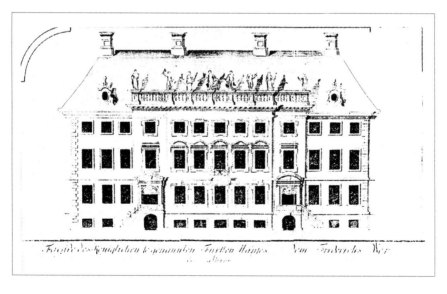

Façade des Königlichen sogenannten Fürsten Haußes vom Friedrichs Wer[der]

Fluß- und Landschaftsnamen

In der Entwicklung der Stadt Berlin spielten die beiden Flüsse *Havel* und *Spree* ebenso eine besondere Rolle, wie in ihrer Geschichte die Landschaften *Barnim* und *Teltow*.

HAVEL die (re NFluß zur mitt. Elbe in MEC und BRA) zu unterscheiden sind die Belege
- *zum FlußN* 789 Habola, 981 Hauela, ca. 1075 iuxta Habolam, 1114 inter ... Havelam, 1159 prope Hauelam, 1161 Hauela, 1188 terre de Havela, 1204 in Obula, 1205 aqua obule, 1288 obulam, 1351 Havelen, 1378 ab Obula, que dicitur Cotzinre Havele, 1394 in der Havele;
- *zum StammesN* ca. 845 Hehfeldi, ca. 900 Wilte, the mon Haefeldan haet (Wilzen, die man Heveller heißt), 937 Heueldun, ca. 967 Sclavos, qui dicuntur Hevelli (Slawen, die man Heveller nennt), 973 Heuoldo, 981 in pago Heuellon, 993 in prouincia heuellon, 1013 (zu 929) Hevellun, (zu 997) Stoderaniam, que Hevellun dicitur, (zu 1011) ex provincia Hevellun, ca. 1075 Heveldi, qui iuxta Habolam fluvium sunt, 1161 in pago Heveldun, 1188 Heveldun;
- *zum LandschaftsN* 1188 terre de Havela, 1216 terre de Havelant, 1281 Hauelland;
- *zum ON* D-39539 HAVELBERG in der Prignitz: 946 Havelberg, 968 ultra ... Haualbergensem, 1013 (zu 948) Havelbergensis aecclesiae, (zu 983) in Hawelbergium, 1150 hauelbergensi: (BNB 4)
bisherige Versuche, das BW *havel-* aus germ. oder slaw. Wurzeln zu erklären, sind unbefriedigend geblieben; überzeugender erscheint ein neuer Ansatz, auf die ungemein fruchtbare griech. Silbe *–aul* zurückzugreifen.

Die Silbe tritt etymol. und semant. in zwei unterschiedlichen Formen auf:
1. *aule, aulis* = äußerer oder innerer Hof, Wohnung, Aufenthaltsort, Stall, Hürde, Nest (vor allem in den Turksprachen vertreten: Osmanli *havly, avly* = Hof vor dem Haus, Vorwerk, Gehöft, mit einer Mauer umgebener Platz, *awla* = Hof; Tarantschi *hola* = Hof, *hauli* = Haus, Heim; Kasachisch *aula* = Heuschuppen, Heuboden); in der Spätantike Wandlung zu Landgut, Landsitz

bis zu Residenz des Herrschers, Palast (in diesem Sinne auch von den »Barbarenfürsten« des Balkans übernommen; vgl. auch türk. *karaul* = schwarzer Turm in der Bedeutung Wachturm mit Verlies, daher russ. *aul* = Wachmannschaft);

2. *aulos* = Röhre, Flöte und *aulon* = höhlenartige Gegend, Schlucht, Tal Graben, sowie *enaulos* = mit einer Flöte versehen, und: Flußbett, Gießbach.

Die *Havel* dürfte ihren Namen von *aulos* = Kanal, Graben, Flußbett haben. Das ergibt etwa = das Flußbett, der Fluß; die am Fluß leben; die Landschaft am Fluß; die Sdlg beim Berg am Fluß.

Die Silbe *aul-* kommt in slaw., balt. und germ./dt. FlußN vor: die Ohlau in Stormarn als li NFluß der Stör, die Aula (Aule) in Hessen als li NFluß der Fulda (778 Oulaho, um 860 Owilah, 1182 Oveli): in den dt. wie in den balt. und erst recht in den slaw. Fällen ist mit Übertragung aus dem Griech. durch nach N, NO und NW abgewanderte Balkanslawen zu rechnen. (Kunst 1)

Das Havelland gliederte sich in folgende Territorien

1. BELLIN (Fehrbellin)
2. CHOTIEMUIZLES 993 insula Chotiemuizles: aus aplb. *Chotemysl-* zum aplb. PN *Chotemysl*, also = Insel des Chot (= die Insel Potsdam, heute vom Havel-Wublitz-Sacrow/Paretzer Kanal umgeben)
3. DASSIA Slawengau im Glin und um Oranienburg; er wird in der Gründungsurkunde des Bistums Brandenburg wie folgt umschrieben: Heveldun (die Heveller) – Vuucri (die Ukraner an der Ucker in der Uckermark) – Riaciani (saßen am Oberlauf der Havel, aus aplb. *Rěčane* zu ursl. *rěka* = Fluß, also = die Flußanwohner) – Zamcici (im Gebiet um Neuruppin) – Dassia (im Glin, zugehörig der FlußN *Dosse*, NFluß zur Havel in der Prignitz, + der FlußN *Dossow*, NFluß zur Havel bei Oranienburg, + die Stadt *Dossow*; an der Dosse lag auch der Slawengau der *Doxani*, mit denen die *Desseri* identisch waren) – Lusici (die Lausitzer)
4. FRIESACK
5. das GLIN (Glien) zählte im MA zwar nicht zum Havelland, dürfte aber mit dem Territorium des Slawengaus Dassia identisch gewesen sein)
6. das HAVELLAND (Heveldun = das Land der Heveller)
7. RHINOW am Rhin (dem Fluß in der Fluß»rinne«)
8. STODOR (der slaw. N des Havellandes, davon abgeleitet der StammesN der *Stodorjane*: ca. 1110 ex provincia nomine Stodor, im 14. Jh. in provincia nomine Stodor; 1013 zu 997: Stoderaniam, que Hevellun dicitur, Ztoderaniam, quam vulgo Heveldum vocant: aus aplb. *Stodor-* zu aplb. *stodor*, slow. *studor* = seichter Acker auf steinigem Grund, also etwa = Land mit seichten Äckern auf steinigem Grund + Suffix *-jane* = Bewohner). (BNB 4)

Unter *Dosse* bzw. *Dossow* wird als GrundW zur Deutung das altepirot. *daksa* = Meer (die Adria) angegeben, das von slaw. Siedlern bei der Abwanderung nach N mitgenommen und unterwegs an zahlreichen böhm. Orten (z. B. Doksany, Doksy – dt. Hirschberg –, Duchcov – dt. Dux –) hinterlassen wurde. Diese ON sind weder aus dem Germ. noch aus dem Slaw. deutbar, passen aber zur NWanderung slaw. Stämme aus dem illyr. Balkan = Sdlg der Anwohner des Meeres. (Kunst 1)

SPREE die (dt. Fluß in SAX und BRA entspringt in 2 Quellbächen oberhalb von D-02730 EBERSBACH im Lausitzer Bergland, fließt in mehrfacher Aufgliederung durch die Lausitzen nach N, erreicht n von D-03130 SPREMBERG bzw. von D-030.. COTTBUS das Glogau-Baruther Urstromtal, verzweigt sich erneut verschiedentlich, erreicht s von D-15848 BEESKOW das Warschau-Berliner Urstromtal, das sie bis zu ihrer Mündung bei *Berlin-Spandau* in die Havel durchfließt; 403 km lang) 965, 1004 Sprewa, 1541 Awer Sprew vnt Nyder Sprew, 1704 Ober Spree: meistens gedeutet aus dem Germ. zur idg. Wurzel *spreu* = streuen, säen, spritzen, sprühen, also etwa = die Sprühende, von den Slawen übernommen, so ins Niedersorbische als *Spreva*.   (BNB 3)

Da aber der FlußN singulär in den Slawinen steht, obwohl doch ungezählte Bäche und Flüsse sich als »die Sprühende« zu erkennen geben, erscheint es mir sinnvoller, der neuen Deutung von KUNSTMANN zu folgen, der in der »Spree« die Adaptierung des griech. *he speira* = die Gewundene, die Windung, die Schneckenlinie (lat. *spira* = Windung, Krümmung) erkannt hat, also »die sich Windende, die sich Schlängelnde« (was zweifellos auch sehr viel eher zutrifft als »die Sprühende«).

Als die Slawen *he speira* aus dem Balkan in die Sudeten brachten, monophthongisierten sie »ei« zu »i« = *spira*, machten mit der ihnen so lieben Metathese aus »spir-« ein »spri-«, ersetzten das »i« durch »e«, und gaben das slaw. Hydronymsuffix *-eva* hinzu: Spreva. In dt. Zunge wurde irgendwann nach 1004 die Endung *-va* abgestoßen und durch langes *ee* ersetzt: die *Spree*.   (Kunst 25)

BARNIM (LandschaftsN in BRA) zu 1220 terras Barnouem et Telthawe, 1232 de nova terra nostra Barnem – van deme nyen Barnem, 1278 (in der Markgrafenchronik) A domino Barnem terras Barnonem, Teltowe et alias plures obtinuerunt (die Markgrafen JOHANN I. und OTTO III. haben vom Herrn *Barnem*, gemeint ist der Pommernherzog BARNIM.I., die Länder Barnonem, Teltowe und viele andere erworben), 1352 in districtu Barnym, 1375 (territorium) Barnym, 1415 vppe dem Barnimme;

- *Oberbarnim* 1412 vf dem Hohen ... Barnimb, 1450 Districtus Hogen-Barnim, 1486 auff dem hohenbarnym bey Berlin, 1696 im Ober Barnemischen Kreise
- *Niederbarnim* 1412 vf dem ... Niedern Barnimb, 1450 Niedern Barnim vmme Berlin, 1696 im nieder Barnenmenschen Kreise: aus aplb. *bara = Sumpf etwa **v Bar'nem* oder **v Bar'nejem* (*kraju*) = im sumpfigen Land (jedoch wurde früh der N des Pommernherzogs BARNIM eingedeutet).

Im Landbuch von 1375 sind die Distrikte *Berlin* und *Strausberg* belegt, die im Schoßregister von 1450/51 als Hoher und Niederer Barnim genannt werden (»Hoher« B. liegt höher als »Nieder« B.); seit dem 17. Jh. bürgert sich statt Hoher »Ober« ein, um 1800 haben die Gebiete *Ober-* und *Niederb*. bereits den Charakter staatl. Vwbz., den sie 1816 offiziell erhielten und bis 1952 behielten.

Die Einwanderung slaw. Stämme begann wohl im 6. Jh. vorwiegend vom Süden aus Böhmen und dem Mittelelberaum, aber auch aus dem Weichselgebiet im Südosten. Zunächst waren um 9000 aCn Rentierjäger der Stielspitzengruppe ins Land gezogen, zwischen dem 8. und 4. Jt. siedelten sich mesolith. Jäger und Sammler an, um ca. 4500 aCn begann der Übergang zum Neolithikum mit Bodenanbau und Viehzucht, nach 3300 aCn ist die mittelneolith. Trichterbecherkultur festzustellen. Die Bronzezeit hielt erst ab ca. 1200 aCn Einzug, verbunden mit einer starken Siedlungsverdichtung durch Einwanderung aus benachbarten Gebieten; in der folgenden vorröm. älteren Eisenzeit wurde die Sdlgsdichte wiederum schwächer, bis um 550 aCn die Jastorf-Kultur auftrat, die man als erste german. Kultur der Landschaft ansieht. Zu Beginn der Zeitrechnung gehörte das Gebiet eindeutig den germ. Sueben. A des 1. Jh.s aCn begann in stärkerem Maß die germ. Abwanderung. Während der röm. Kaiserzeit bis 375 pCn stieg die germ. Bevölkerung wieder an: die Semnonen, ein Teil der Sueben, als Teil der Elbgermanen, wohl auch Burgunden am Rand des Odertals. Auch während der Völkerwanderungszeit ist der Barnim nicht völlig menschenleer gewesen, vor allem im Berliner Raum bestand eine dünne Restbesiedlung.

Die slaw. Einwanderung in mehreren Wellen führte zu Auseinandersetzungen und starkem Burgenbau; bei den Burgen entstanden unbefestigte Sdlgen, also wohl eine frühfeudale Sozialstruktur. Neben der Burg von Köpenick bestand nur die von Bliesenthal aus der frühslaw. Zeit fort. Die Gesamtentwicklung des Burgensystems scheint eine Machtkonzentration wiederzuspiegeln. Ziemlich sicher saßen im s Teil die *Sprewanen* (948 Spriauuani) wohl bis in den Raum Zossen, im W gehörte der Rand des Haveltals noch den *Hevellern* (845 Hehfeldi, 1013 Stodorania) bis an den Raum Berlin, sodaß der spätere Spreeübergang von Berlin/Kölln im fundleeren Grenzsaum zwischen Hevellern und Sprewanen lag; im n Teil saßen wohl die *Ukranen*, im NW die *Rečanen*. Vom 10. Jh. an wechselten die Bemühungen des dt. bzw. poln. Feudalstaates um die Eingliederung des Barnim; 939 lieferte der slaw. Fürst TUGUMIR die Brandenburg den Deutschen aus, wodurch diese die Herrschaft bis an die Oder gewannen; doch scheint ihre Burgwardorganisation nicht über die Havel hinausgereicht zu haben, sodaß die Slawen ihre polit. und soziale Struktur beibehalten konnten und sich 983 siegreich zu erheben vermochten. 991 nahm auch ein poln. Heer auf dt. Seite am erfolglosen Sturm auf Brandenburg teil, gleichzeitig wurde die Burg zu Köpenick erheblich erweitert, wohl als poln. Neugründung, sodaß ein Teil des Barnim unter poln. Herrschaft geriet; in Köpenick saß wohl ein poln. Teilfürst. Die einzige historisch faßbare Persönlichkeit dieser Teilfürsten ist JAXA VON KÖPENICK (durch seine Münzprägungen als »Knes de Copnik« ausgewiesen), der 1150 Erbansprüche auf das hevell. Land erhob und mit Hilfe eines poln. Heeres Brandenburg eroberte, das er erst um 1157 endgültig an den askan. Markgrafen der Nordmark, ALBRECHT DEN BÄREN, verlor; doch bestand das Fürstentum Köpenick noch einige Jahrzehnte weiter.

Erst E des 12. Jh.s wurde der Barnim vollständig von deutschen Feudalmächten erobert und in der Folge von dt. Bauern besiedelt, erst ab 1245 gehörte der Barnim fest zur Mark Brandenburg. Als Besonderheit des dt. Adels gilt, daß er sich seit dem 12. Jh. nicht mehr damit begnügte, die unterworfenen Bevölkerungen auszubeuten, sondern durch Verdichtung der Sdlg den Landesausbau zu steigern. Seit E des 12. Jh.s bemühten sich die ASKANIER vom ö Havelland aus in Vorstößen nach N und NO um die Erwerbung der Länder s der

Ostsee und an der Odermündung; 1198 erfolgte ein Gegenstoß eines dänisch-slaw. Heeres, das eine Niederlage erlitt und den ASKANIERN die Herrschaft über den NW des Barnim von Bötzow bis zu den Oderbergen sicherte, trotz verschiedener Gegenstöße der Dänen und Pommern. In dieser Zeit errichtete ALBRECHT II. »contra Sclavos« die Burg Oderberg. Um den S und O des Barnim kümmerten sich die ASKANIER zunächst kaum.

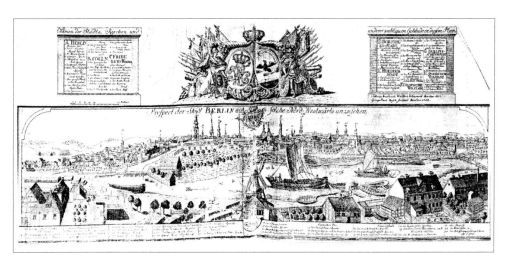

Um den Sprewanengau bemühten sich von S her vor allem die wettin. Markgrafen der Lausitz und die Erzbischöfe von Magdeburg. In dieser Zeit war ein »dominus Jaczo«, als »princeps« bezeichnet, gemeinsam mit den Pommernherzögen Zeuge einer Urkunde; er wird meist als JAXA VON KÖPENICK angesehen, der sich wegen der innerpoln. Schwächen der Zeit mit den Pommern verbunden habe. Die Zerstörung der letzten slaw. Burg in Köpenick erfolgte wohl als Antwort auf die Slaweneinfälle von 1178/1180, womit auch das Hinterland an die Eroberer fiel. Die erste dt. Burg auf der Köpenicker Schloßinsel, eine wettin., wurde wohl durch einen askan. Vorstoß um 1216 zerstört; ihre Nachfolgerin dürfte die erste askan. Burg und Sitz des 1245 erwähnten Vogtes von Köpenick gewesen sein. Das stärkste Interesse an der nach O anschließenden Landschaft Lebus zeigten bis 1239 die Territorialmächte Wettin und Magdeburg.

Spuren dieser Vorgänge lassen sich vor allem in den ON entdecken, die schon bei der Neugründung solcher Sdlgen festgelegt wurden, aber erst Jahrzehnte oder Jahrhunderte später in Dokumenten auftauchen. Die meist adligen Lokatoren erhielten in einem der von ihnen gegründeten Dörfer einen abgabefreien Ritterhof und Rechte auf Feudalleistungen der ansässigen Bauern. Von askan. Lokatoren wurden ON vor allem aus der Altmark in den NW des Barnim übertragen; ÜN aus magdeburg. Landen stammen vor allem aus dem Raum ö der Elbe, aus dem Raum um Jüterbog, und aus einigen kleineren Territorien, woraus sich ein magdeburg. Sdlgsstreifen von der Spree

bis zu den Höhen des Oberbarnim ö von Heckelberg ergibt, zu dem noch die Ostzauche und der westl. Teltow kommen. Mitten in diesem Streifen lag der Spree-Übergang von Berlin/Cölln, für welche Sdlgen sich damit ergibt, daß ihre Frühsdlgen vom Bischof von Magdeburg bzw. seinem Beauftragten errichtet wurden.

An den magdeburg. Sdlgsstreifen grenzt im SO der von Köpenick aus besiedelte Raum, der als wettin. Gebiet anzusprechen ist, wie auch eine ganze Reihe von ÜN andeuten. Neben die ON treten die Namen von Adelsfamilien: aus dem magdeburg. sind das die Familien VON NIEMEGK, GLUTZER, REPKOW und VON GRÖBEN sowie VON LÖWENBERG, ehemals magdeburg. Ministeriale. Aus dem wettin. Bereich die Familien THIMO DE SATHAN, ferner VON ROCHLITZ, VON SCHAPLOW, VON SPARR, DE THENIS, VON ZACHOW, VON IHLOW und VON BEERFELDE. Aus dem askan. die Familien VON BREDOW, VON KÖNIGSMARK, VON MÖRINGEN, VON STEGLITZ, VON TRIST und VON WALDENBERG. Als Sonderfall ist das Haus VON BARUTH zu betrachten (später VON BARFUS), in dem man nach gründl. Sichtung aller Unterlagen den slaw. Namen BARUTO zu erkennen meint und also Vertreter des Restes slaw. Adels im Land.

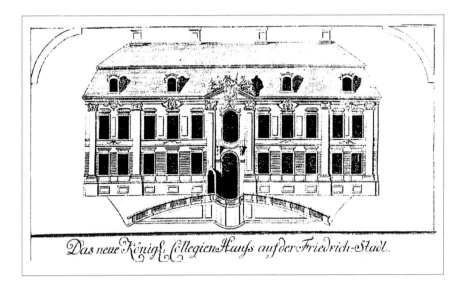

Das neue Königl. CollegienHauß auf der Friedrich-Stadt.

Offen sind noch immer die genauen Datierungen vor allem des dt. Vordringens im Barnim. Ein Großteil der slaw. Bauern wird sich als Teil der Kossäten gehalten haben, für die noch im Landbuch von 1375 gemeinsame Abgabeleistungen der Kossäten für 30 Dörfer verzeichnet sind, die in der üblichen Wirtschaftsweise der german. frühdt. Landwirte keine Erklärung fänden. In Wriezen werden noch 1421 auf dem Kietz »Wenden« als Fischer genannt, in Strausberg bis 1590 einzelne slaw. Namen als die von Stadtbürgern verzeichnet.

Und seit den 40er Jahren des 13. Jh.s ist an der Herrschaft der Askanier über den ganzen Barnim nicht mehr zu zweifeln, die schon um 1216 einen ersten Vorstoß in die wettin. Lande unternahmen. Damals schenkte Albrecht II. dem Kloster Lehnin 210 Hufe »iuxta montem, qui dicitur Hangendenberge«, welchen Besitz man heute vor allem um *Münchehofe* vermutet, und um *Neuenhagen* (1620 Nienhofe in Beziehung zu einem »alten« Hofe, den man in der Grangie Münchehofe vermutet). Man wird in dieser Schenkung die Grundausstattung für ein neues Zisterzienserkloster bei Lehnin sehen dürfen, dessen Gründung dann aber doch aus lokalen Gründen unterblieb. Für den Fortbestand der wettin. Herrschaft im Raum sö von Strausberg spricht ein Urkundenregest zum Besitz des Klosters Zinna im Barnim, nachdem den Zisterziensern seit 1208 erlaubt war, auf ihrem Land zinsende Bauern zu halten. Erst 1247 bestätigen die Brandenburger Markgrafen Johann I. und Otto III. diesen Besitz des Klosters Zinna.

Ein ähnliches Bild zeichnet die Geschichte der Stadtentwicklung. Alle ma Städte im Barnim sind bis ins 14. Jh. als »oppidum« (Marktflecken) ausgewiesen, ehe sie als »civitas« Stadtrechte erhielten und entsprechend vergrößert wurden. Urkundlich ist das für Wriezen, Freienwalde und Eberswalde nachweisbar, für Berlin, Bernau, Altlandsberg und Strausberg aus den Stadtgrundrissen. Damit läßt sich die Aussage der Markgrafenchronik, die Brüder Johann I. und Otto III. hätten Berlin, Strausberg, Frankfurt, Liebenwalde und andere Städte errichtet, so verstehen, daß die Stadtrechtsverleihung an diese Städte erst nach ihrem Übergang in die Herrschaft der Askanier erfolgt ist. Lediglich im Falle Wriezen ist ziemlich klar, daß es sich urspr. um einen slaw. Handelsplatz gehandelt hat. Auch für Hönow läßt sich das vermuten, da die 118 Hufen des Ortes ihn über andere herausheben, die meist nur sehr viel kleiner waren.

Eine Veränderung der Sdlgsstruktur, die soziaökonom. Veränderungen mit sich brachte, stellte die Entwicklung der Gutsherrschaften dar, durch die die Abhängigkeit der Bauern verschärft wurde. 1375

Die Reformirte Parochial-Kirche, deren Thurn und Glockenspiel
Anno 1713. fertig worden.

wurden noch rund 70 reine Bauerndörfer verzeichnet, in 60 weiteren Dörfern bestanden bereits ca. 100 Ritterhöfe. Nach 1375 entstanden in etwa 50 Bauerndörfern neue Adelsgüter. Der Schwerpunkt dieser Entwicklung lag im 17. Jh., als die Folgen des 30jähr. Krieges zu weiterer Arrondierung der Güter führten und den bäuerl. Besitz erheblich schrumpfen ließen. E des 19. Jh.s bestanden in knapp 100 Ortschaften Gutsbezirke mit Gütern über 100 ha, die eigene Verwaltungen darstellten (Reichenow hatte mit 1 372 ha die größte landwirtschaftl. Nutzfläche bei 1 538 ha Gesamtbestand). Als Beispiel sei *Berlin-Marzahn* genannt: 1375 noch ein reines Bauerndorf, um 1400 entstand hier ein Gut, das um 1450 bereits die Hälfte des Landes bewirtschaftete und bis zum E des 17. Jh.s rund 5/6 der Marzahner Ackerflur bearbeitete; um 1764 wurden auf dem Gebiet, das E des 17.

Jh.s in den Besitz des Kurfürsten gelangt war und als königl. Domäne bewirtschaftet wurde, 20 Pfälzer angesetzt, und erst 1851 wurden nach kräftigen Zahlungen auch die letzten feudalen Zinsrechte abgelöst, sodaß Marzahn zu einem freien Mittel- und Kleinbauerndorf geworden war.

Im 19. Jh. beginnen mit der kapitalist. Industrialisierung neue starke Veränderungen, unter denen die wichtigste das Ausgreifen und starke Wachsen Berlins sein dürfte, vor allem durch die Stadterweiterung 1920, als ehemals selbständ. Dörfer n der Spree Großberlin eingemeindet wurden.

Die alte Verwaltungsstruktur hatte sich seit der Ablösung der markgräfl. Vogteien im 14. Jh. herausgebildet; das Landbuch von 1375 zeigte mit dem »districtus Berlin« und dem »districtus Strutzeberg« bereits im Kern die spätere Aufteilung in Nieder- und Oberbarnim (als Niederer und Hoher B. zuerst 1412 bezeichnet), die seit dem 16. Jh. als separate Verwaltungseinheiten erkennbar sind. Kreisstädte waren Berlin und Wriezen (nach 1815 Freienwalde). Trotz gelegentlicher Grenzkorrekturen (am umfangreichsten 1815 mit der Zuweisung der königl. Amtsdörfer s von Strausberg an den Niederbarnim, und 1920 mit der Bildung Großberlins) blieben beide Kreise bis 1952 im Wesentlichen erhalten. (BNB 5)

TELTOW *LandschaftsN* 1232 Terra Teltowe, 1370 vp den Teltow, 1430 auff dem teltow: Urform wohl eine vorsl. (asä.?) Form *Til-ithi* = Land am Gewässer Til, an der Grenze zwischen dt. und slaw. Siedlern ins Dt. als *Tel-de*, im Slaw. als *Tel-tov* übernommen; germ. *Til-* führte u. a. zum 1378 gen. See *Teltaw* wie zum FlußN *Telte*, von dem das Bäke-Gebiet in der Gründungsurkunde des Klosters Spandau 1232 den N »terra Teltowe« bekam, was wiederum der Stadt ihren N gab; die *Bäke* war ein Fließ im N des Teltow, das ab 1900 dem Teltow-Kanal weichen mußte: 1730 Telte, 1779 die Bache, Boeke oder Telte, 1854 Telte Bäke oder das Teltowsche Fließ (mit *die Bäke* aus asä. *beki* = Bach benennt man im Gebiet jedes Gewässer, auch wenn es einen eigenen N hat); an der mittleren Weser gab es den GauN *Tilithi*: 955 in pago Tilithi, 1004 in Tilithi, 1033 in pago Cilede; 3 Mündungsarme der Weser am Großen Knechtssand heißen Westertill, Nordertill und Ostertill: 1721 Wester Tillie, Oster Tillie, 1878 *Wester Telte, Oster Telte*; ein Quellfluß der belg. Dijle, der *Thyl*, heißt 966 super fluvio Til; als idg. Ausgangspunkt gilt das idg. *ti-* = schmelzen, sich auflö-

sen, fließen, wozu wohl auch *die Tollense* gehört, ein Nebenfluß der Peene, und der engl. FlußN *Till*. Man wird also in allen Fällen von einem GewN auszugehen haben, der zunächst der Landschaft ihren N gab, sodann anliegenden Orten den ON = Landschaft bzw. Sdlg am Schmelzfluß (dem Fluß, der zuzeiten der Schneeschmelze besonders deutlich hervortritt). (BNB 3)

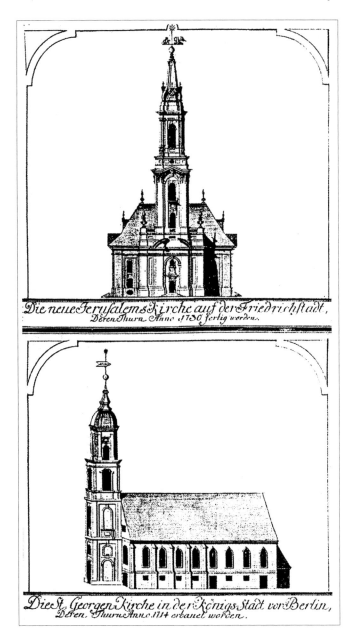

Die Siedlungsnamen in Berlin

- B.-ADLERSHOF 12489 (Stbz. Treptow) 1754 *auf dem sogenannten, bey Cöpnick belegene Süße Grund jetzt Adlershoff benahmet*, 1759 *Adlershoff sonst der süße Grund genand*, 1765 *Erb-Zinß Guth Adlershoff*, 1850 *Freigut und Kolonie Adlershoff mit den Etablissements Süßengrund bilden eine Gemeine*: die 1879 aufgelöst und als Gemeinde Adlershof zusammengelegt wurde, die 1920 Berlin eingemeindete; FRIEDRICH III. verlieh den N *Adlerhof* nach dem nahe gelegenen *Adlergestell*: nach brb. *stel, gestell* = Schneise, die die einzelnen Jagen trennt + *Adler*, wohl nach den häufig dort schwebenden Adlern (A des 18. Jh.s heißt es in dem Begleittext zu einer Karte der Parforceheide bzw. der benachbarten Köllnischen Heide w von Köpenick: »... als die Heyde zum Jagen aptirt ward durch die Stelle und Wild Bähne.«).
- B.-ALBRECHTS-TEEROFEN 14109 (Vwbz. Zehlendorf) 1767 *Albrechtsche Teerofen*, 1835 *Albrechts Theerofen*: um 1750 wurde bei Kohlhasenbrück ein neuer Teerofen der Familie ALBRECHT angelegt; 1783 bestand er nicht mehr.
- B.-ALSEN 14109 (Wannsee) die 1872 auf der Feldmarke von Stolpe angelegte Kolonie erhielt den N nach der dän. Insel ALSEN, die 1864 von Preußen erobert worden war.
- B.-ALTE FENN (Vwbz. 13583 Spandau) 1897 angelegte Häusergruppe, die nach einem FlurN »Alte Fenn« genannt wurde = alte Sumpfwiese von idg. **pen* = Sumpf (vgl. das eiflische Venn).
- B.-ALTGLIENICKE 12524 (Stbz. Treptow) 1375 *Glinik*, 1450 *Glinke*, 1527 *Glynicke*, 1624 *Glienicke*, 1850 *Dorf Alt-Glienicke*: aus aplb. **Glinьk* zu aplb. **glina* = Lehm, also etwa = Sdlg bei den Lehmgruben; den Zusatz »Alt« erhielt es zur Unterscheidung vom 1773 gegründeten Vorwerk mit Kolonisten aus der Pfalz, das 1850 als Dorf *Neu-Glienicke* genannt, 1893 mit A. vereinigt wurde und mit ihm 1920 zu Berlin kam.
- B.-AMALIENHOF (Vwbz. 13581 Spandau) urspr. ein Gut, das nach 1817 entstand und erst *Klitzings Vorwerk* hieß, 1860 in *Amalienhof* umbenannt.
- B.-BAUMSCHULENWEG 12437 (Stbz. Treptow) 1891 wurde die Bahnstation B. eingeweiht, die ihren Namen vom Weg von

Die neue Dreyfaltigkeits Kirche, wie solche anjetzt auf der Friedrich-Stadt erbauet wird.

Façade des königlichen Gouverneur-Hauses zu Berlin, in der Königs-Straße gelegen.

diesem Bahnhof zur Baumschule von FRANZ SPÄTH erhielt und ihn auf die entstehende Sdlg übertrug.
- B.-BEELITZHOF (in 14129 Nikolassee) 1867 Beelitz-Hof, benannt nach der Besitzerfam. BEELITZ (ein »Belitz« war 1756 Pächter des Schlachtensees).
- B.-BEHNITZ 13597 (Teil von Spandau) 1240 locum, qui Bens dicitur, 1329 supra locum, qui dicitur Bentz, 1474 denn Richteren und Scheffen vff dem Bentze, 1584 die Benitz genant, ca. 1784 des Behns, 1790 Behns-Straße: aus aplb. *Ban'ica zu aplb. *ban'a = bauchiges Gefäß (als Vorratsgefäß für Getreide), also etwa = Sdlg bei den Getreidefässern.
- B.-BIESDORF 12683 (Stbz. Marzahn) 1375 Bysterstorff, 1416 czu Byschdorff, 1527 Bistorff, 1624 Bießdorff, 1805 Biesdorf: aus dem mnd. PN *Bister* + *dorp*, also = Dorf des Bister.
- B.-BIRKBUSCH (in 12176 Steglitz) 1608 Birckenbusch ist ein Rittersitz, 1861 Birkbusch, Vorwerk = Gut beim Birkengehölz (1831 der Birkenbusch.), es ging um 1910 im Steglitzer Stadtpark auf.
- B.-BLANKENBURG 13129 (Stbz. Pankow) 1271 Anselm(o) de Blanckenborch, 1375 Blankenburg, 1450 Blanckenborg, 1666 Blanckenburg, 1861 Blankenburg: aus mnd. *blank* = hell, glänzend, weiß + *borch* = Burg, Schloß, also etwa = Sdlg beim weißen Schloß (mit dem wohl der altslaw. Burgwall gemeint war).

Das *Angerdorf Blankenburg* gehörte bis 1664 vorwiegend der Familie VON RÖBEL seit der ersten Erwähnung 1375. 1652 lagen als Folge von Pest und Krieg noch 5 von 11 Höfen, 5 von 9 Kossätenstellen wüst. 1710 kam B. zum Amt Niederschönhausen. 1920 wurde B. eingemeindet.

- B.-BLANKENFELDE 13189 (Stbz. Pankow) 1284 Johannes de Blankenfelte, 1344 in Blankenuelde, 1375 Blankenfelde: aus mnd. *blank* = hell, glänzend weiß + *velt* = Feld, also etwa = Sdlg auf freiem Gelände.

So auch D-17352 BLANKENFELDE bei Mirow, D-15827 BLANKENFELDE bei Zossen.

Das *Straßendorf Blankenfelde* dürfte bereits während der Barnim-Kolonisation ab 1230 angelegt worden sein. 1652 lagen als Folge von Pest und Krieg noch 14 von 17 Höfen, 4 von 9 Kossätenstellen wüst. Durch B. lief wohl seit dem späten MA ein Zweig der wichtigen Fernhandelsstraße Berlin-Prenzlau. 1711 wurde B. dem Amt Niederschönhausen unterstellt.

- B.-BOCKSFELDE (in 13583 Spandau) Abbau an der Scharfen Lanke, 1835 Boksfelde: Name nach dem Besitzer.
- B.-BÖLZIGSRUH (in 12557 Köpenick) 1784 Bölzigs Ruh: ehem. Ausbau am li Spreeufer bei der Köllnischen Vorstadt, benannt jeweils nach dem Besitzer, doch hielt sich *Bölzigsruh* durchgehend.
- B.-BOHNSDORF 12256 (Stbz. Treptow) 1373 Bonenstorff, 1375 Bonistorpp, 1450 Bonstorff, 1597 Bonsdorf, 1775 Bohnsdorf: 1763 wurde aus dem Vorwerk *Bohnsdorf* die Kolonie *Neubohnsdorf* (1850 Dorf Neu-Bohnsdorff) gebildet, während das alte Dorf von da an *Altbohnsdorf* (1850 Dorf Alt-Bohnsdorf ebd.) genannt wurde; beide Dörfer wurden 1865 zu einer Gemeinde *Bohnsdorf* vereinigt, die 1920 von Berlin eingemeindet wurde; wohl aus dem dt. PN *Bon* unklarer Herkunft + *dorp*, also etwa = Dorf des Bon.
- B.-BOCKSWERDER (in 12527 Köpenick) der Landjäger BOCK besaß M des 18. Jh.s Besitzungen in der Köpenicker Gegend, darunter wohl auch auf der w Halbinsel des Schmöckwitzer Werders im Zeuthener See.
- B.-BORSIGWALDE 13509 (im Vwbz. Reinickendorf) 1899 erhielt die neue Kolonie im Gemeindebezirk Dalldorf nach dem Großindustriellen AUGUST BORSIG, der 1837 die Borsigwerke für Lokomotiven und Schwerkraftmaschinen gegründet hatte, den Namen *Borsigwalde*.
- B.-BOXHAGEN-RUMMELSBURG (in 10245 Lichtenberg) *Boxhagen* 1391 In deme Buchshagen, 1591 im Buckshagenn, 1603 gewesener meyer ihm Buchhagen, 1636 meyer im Buckshagen, 1735 Vorwerck Bokshagen, 1831 Buxhagen, 1861 Boxhagen: wohl aus mnd. *bok*, brb. *buk* = Rehbock + *hagen*, urspr. wohl ein FlurN, also = Sdlg im Hagen voller Rehböcke; aus einer schon im 16. Jh. bestehenden Magistratsmeierei entwickelte sich A des 19. Jh.s eine Kolonie, die 1889 durch Vereinigung mit Ländereien zur Landgemeinde *Boxhagen-Rummelburg* vereinigt, 1912 von der Stadt Lichtenberg und mit dieser 1920 von Berlin eingemeindet wurde; *Rummelburg* 1768 Charlottenhoff, 1775 Rummelsburg ... Meyerei und Wirtshaus, 1861 Rummelsburg, Colonie: die urspr. *Charlottenhof* genannte Meierei wurde vom Weinhändler RUMMEL erworben und, nachdem dieser ein Wirtshaus errichtet, in *Rummelsburg* umbenannt.
- B.-BRITZ 12351 (im Vwbz. Neukölln) 1305 Heinricus de Bryzk, 1352 tu Britzig, 1450 Brytzk, 1591 Eine wieße zwischen Brietzke

und Rudow, die Dorffstätte genandt (wohl der Ort der alten slaw. Sdlg), 1624 Britzcke, 1775 Britz: aus aplb. *Brezьk zu urslaw. berza = Birke, also etwa = Sdlg bei den Birken.

Das Dorf entstand E des 12. Jh.s, bevor die Markgrafen von Teltow Besitz ergriffen. Die Gründer nannten sich nach dem Burgsitz VON BRITZKE und starben bald nach 1699 aus. Seit 1719 gehörte das Gut dem ersten preuß. Außenminister RÜDIGER VON ILGEN, der die ihm vom König geschenkte Akazie anpflanzen ließ, die 1937 einging und als Mutter aller deutschen Akazien gilt. 1753 fiel B. im Erbgang an die Frau des späteren Außenministers VON HERTZBERG, dessen Aufgeschlossenheit B. zum Mustergut machte. 1924 erwarb es die Stadt Berlin. 1863 hatte FRANZ SPÄTH hier seine berühmte Baumschule angelegt, die nach dem II. Weltkrieg aufgegeben wurde. Berlin pflegte unter seinem Einfluß die Blumen-, vor allem aber die Rosenzucht.

- B.-BUCH 13125 (im Stbz. Pankow) 1289 Johannes Buch, 1375 Buch slavica, Wentschenbug, 1412 czu windischen Buck, 1527 Boek slauica, 1624 Buck, 1805 Buch: aus aplb. *Buk zu aplb. *buk = Buche, also etwa Sdlg bei den Buchen (in der zumindest bis 1527 noch eine starke slaw. Bevölkerung saß).

Das *große Straßendorf* entstand um 1240 bei einem älteren wendischen Dorf, das zwischen 1250 und 1350 dann im größeren dt.-rechtl. neuen Dorf aufging. Seit 1412 waren die VON RÖBEL als Besitzer bezeugt, deren letzter 1715 die Herrschaft verkaufte. 1652 waren wegen Pest und Krieg alle 10 Bauernhöfe und 7 der 16 Kossätenstellen wüst. 1898 übernahm die Stadt Berlin das Gut B. und machte daraus den Sommersitz des Oberbürgermeisters.

- B.-BUCHHOLZ 13127 (im Stbz. Pankow) 1242 inter Buckholtz et eandem villam, 1375 Bukholtz, Buchholtz, 1591 Buchholz, 1805 Französisch-Buchholz, 1861 Französisch Buchholz: aus mnd. *bok* = Buche + *holt* = Wald, also etwa = Sdlg am Buchenwald; nach dem Edikt von Nantes 1685 kamen viele Franzosen nach Brandenburg, 1750 wurden in *Buchholz* 17 frz. Bauern und Kossäten angesiedelt, zur Unterscheidung von D-15345 BUCHHOLZ bei Strausberg wurde der Ort *Französisch-B.* genannt.

Um 1242 dürfte die erste Phase der Lokation und der Rodung um das linsenförmige *Angerdorf* bereits abgeschlossen gewesen sein. 1652 lagen wegen Pest und Krieg 7 von 15 Höfen, 9 von 19

Kossätenstellen wüst. Die ab 1688 angesiedelten Hugenotten trieben vor allem Gemüsebau.
- B.-BUCKOW 12349 (im Vwbz. Neukölln) 1373 bie dem dorfe Rudow vnd Buckow, 1450 Bukow, 1624 Buckow: da die Kirchenglocke von B. das Datum 1322 trägt, muß der Ort schon lange vor der ersten schriftlichen Erwähnung bestanden haben; aus aplb. *Bukov* zu aplb. *buk* = Buche, also etwa = Sdlg bei den Buchen, dem Buchenwald.

    Das Dorf entstand wohl schon vor dem Erwerb des Teltow durch die Markgrafen. 1962 erfolgte die Grundsteinlegung für die Großsdlg *Berlin-Buckow-Rudow*, der von WALTER GROPIUS und WILS EBERT entworfenen *Gropius-Stadt*.
- B.-BÜRKNERSFELDE (in 12685 Marzahn) 1857 erhielt ein neu errichtetes Ackergehöft der Fam. DREYER-BÜRCKNER den Namen Bürknersfelde.
- B.-BUSCHKRUG 12359 (in Britz) 1774 Busch Krug: aus dem brb. *Busch* = Gebüsch, Gehölz, Wildnis + *Krug* = Gasthof, also etwa = Sdlg beim Gasthof im Gehölz.
- B.-CHARLOTTENAU (in 14163 Zehlendorf) 1852 erhielt das li des Wegs von Machnow nach Zehlendorf angelegte Gut auf dem Gebiet vom Dorf Schönow den Namen.
- B.-CHARLOTTENBURG 14052 (Vwbz.) 1695 Lietzeburg, 1697 Lützenburg, 1704 das Königl. Schloß Lützenburg nebst der New angelegten Stadt: das 1695 im Auftrag der Kurfürstin SOPHIE CHARLOTTE errichtete Schloß erhielt den Namen des Dorfes → *Lützow* bzw. *Lütze*, nach dem Tod der Kurfürstin 1705 den Namen »die Charlottenburg zum Andencken Weyland Unserer Hoch- und Hertzgeliebtesten Gemahlin« sowie die Stadtrechte; 1876 schied C. aus dem Kreis Teltow aus und bildete einen eigenen Stadtkreis, der 1920 mit Berlin vereinigt wurde.

    Im Umkreis um Schloß C. und Altlietzow haben zahlreiche Funde der Bronze- und Slawenzeit frühe Besdlg bezeugt; zwischen Schloß-Brücke und Dove-Brücke befand sich wohl ein häufiger begangener Spreeübergang. Der 1375 erwähnte Hof *Casow* (curia C.) wird Relikt einer befestigten Etappe an der strategisch wichtigen Barnimstraße Berlin-Spandau sein. Das zugehörige Dorf überließen die Markgrafen JOHANN I. und OTTO III. 1239 zusammen mit anderem Teltow-Besitz dem Kloster Spandau, das es bis 1542 besaß.

SOPHIE CHARLOTTE, die Gattin des Kurfürsten FRIEDRICH III., des nachmaligen Königs FRIEDRICH I., ließ hier ein Sommerschloß bauen, das seit 1695 auf einem vormals mit einem Teerofen besetzten Platz entstand. Es erhielt in Anlehnung an den alten Dorfnamen den Namen »Lietzenburg«. Gegenüber dem Schloß entstanden Wohnungen für Hofpersonal, Handwerker und Kaufleute. 1705 erhielt das Schloß den Namen *Charlottenburg*, die Sdlg Stadtrecht. 1720 wurde das *Dorf Lützow* eingemeindet. FRIEDRICH DER GROßE nahm hier 1740 Wohnung und erhob das Schloß zur Residenz. Die von G. W. VON KNOBELSDORFF geschaffene *Goldene Galerie* gilt als einer der schönsten Rokoko-Räume Europas. 1943 brannte das Schloß nieder, wurde aber ab 1950 wieder hergestellt.

Die Stadt entwickelte sich in der 1. H des 19. Jh.s zum Sommersitz wohlhabender Berliner Bürger. 1878 wurde die 1866 gegründete Villenkolonie *Westend* eingemeindet. Ab 1878 begann der Aufbau eines Hochschulviertels mit der *Technischen Hochschule* (ab 1946 Technische Universität), in die die 1770 gegründete Bergakademie, die 1799 gegr. Bauakademie, die 1821 gegr. Gewerbeakademie aufgingen. Da die Stadt nach Wiesbaden die zweitreichste Preußens war, konnte sie 1912 das *Deutsche Opernhaus* errichten.

Der »Zug nach Westen« erhielt in der *Tauentzienstraße* und dem anschließenden *Kurfürstendamm* den sichtbarsten Ausdruck. 1880/86 entstand die 54 m breite Repräsentationsstraße, die zu den großen Avenuen der Welt zählt, aber erst nach 1945 mit der Aufteilung Berlins ihre wirkliche Funktion als Hauptstraße und »Schaufenster des Westens« zugewiesen bekam.

Nach der Eingemeindung der Stadt 1920 nach Berlin beschloß B. den Bau von 5 Ausstellungshallen für die Funkausstellung 1924, zu denen 1926 der *Funkturm* errichtet wurde. Unweit des Messegeländes entstand die *Avus* als erste Autorennstrecke in Deutschland, sie verbindet heute die Stadt- mit der Bundesautobahn.

C. war E des II. Weltkriegs zu 46% zerstört; eine großzügige Neugestaltung brachte zahlreichen Großbanken ihre Zentralen. Das 1456 als Gutshof erwähnte *Plötzensee* (= See der Plötzen) erhielt 1868/78 das große Strafgefängnis, in dessen Waschhaus während der HITLER-Diktatur über 2 000 Menschen ermordert wurden, darunter auch viele Widerstandskämpfer vom 20. Juli 1944.

- **B.-DAHLEM** 14195 (im Vwbz. Wilmersdorf) 1375 Dalm, 1450 Dalem, 1539 zu Dalen, 1624 Zu Dalem, 1775 Dahlem: wohl ein ÜN von D-39579 DAHLEN bei Stendal (1282 Dalem) aus mnd. *dal* = Tal + *heim* = Heim, also etwa = Heimstatt im Tal. Dahlem wurde 1920 mit Berlin vereinigt.

Das Dorf entstand wohl nach 1190 durch dt. Siedler aus der Altmark, woher sie auch den ON als ÜN mitbrachten. Der urspr. Kern des alten *Angerdorfes* hat sich in bemerkenswerter Reinheit erhalten. Nach dem 30jähr. Krieg lag das ganze Dorf wüst und wurde an den kurfürstl. Kreiskommissar und späteren ersten Landrat des Teltowschen Kreises CUNO HANS VON WILMERSDORF, Sproß eines der ältesten märk. Adelsgeschlechter, verkauft. Er sorgte für die Wiederbesetzung der Höfe, baute 1680 das alte Herrenhaus völlig um und gab ihm die heutige Gestalt. Der Grabstein der KAETHE BRANCO (gest. 1877) trägt eine Inschrift, die der *Wandervogel-Bewegung* (→ *Steglitz*) den Namen gab:

»Wer hat euch Wandervögeln die Wissenschaft geschenkt,
daß ihr auf Land und Meeren nie falsch den Flügel lenkt,
daß ihr die alte Palme im Süden wieder wählt,
daß ihr die alten Linden im Norden nicht verfehlt?«

1799 verkaufte der letzte VON WILMERSDORF D., dessen Dorfflur jetzt das Rittergut völlig umfaßte. 1841 kam es an den preuß. Domänenfiskus, der 1901 begann, es als Villenort zu erschließen.

Nach der Eingemeindung 1920 wurde D. Teil des Verwaltungsbezirks Zehlendorf. Seit 1911 wurden die wissenschaftl. Institute der »Kaiser-Wilhelm-Gesellschaft zur Förderung der Wissenschaften«, der heutigen *Max-Planck-Gesellschaft,* errichtet. 1948 gründeten hier demokratische studentische Widerstandsgruppen der Humboldt-Universität Unter den Linden die *Freie Universität*. Ab 1960 entstanden hier (zuletzt 1962) die Bauten des *Museums Dahlem,* das die völkerkundl. Sammlungen, die Gemäldegalerie, die Skulpturenabteilung, das Kupferstichkabinett beherbergt. 1924 wurde das Preußische Geheime Staatsarchiv nach D. verlegt.
- **B.-DAMM** 13585 (im Vwbz. Spandau) 1409 auf dem Thame, 1492 vor dem tham vor Spanndow, 1684 Der Damm, 1805 Damm bei Spandow, Fischerdorf: das ehem. Fischerdorf zwischen Stadt und Zitadelle Spandau wurde 1560 beim Bau der Festung abgerissen,

die Fischer wurden auf dem Damm gegen die Havel angesiedelt, *Damm* bildete seither eine eigene Gemeinde, die 1875 mit der Stadt Spandau vereinigt wurde.
- B.-DOROTHEENSTADT 10117 (im Bereich s der Spree Unter den Linden) 1678 Dorotheen-Stadt, 1775 Die Dorotheen- oder Neu-Stadt: wurde ab 1668 errichtet und nach der Gemahlin Friedrich Wilhelms, der Kurfürstin Dorothee von Holstein-Glücksburg benannt, jedoch bereits 1709 mit Berlin vereinigt.
- B.-DÜPPEL 14163 (im Vwbz. Zehlendorf) ein aus → *Zehlendorfer* und → *Heinersdorfer* Gutsgelände gebildetes Rittergut erhielt 1865 nach der für Preußen siegreichen Schlacht beim dän. Dorf *Düppel* (dän. Dybbøl) den ON *Düppel*; die Gemarkung wurde 1928 aufgelöst und mit Berlin vereinigt.
- B.-EICHKAMP 14055 (im Vwbz. Wilmersdorf) ca. 1760 Willmersdorffischer Eichelkamp, 1879 erhielt das im Jagen 58 der Oberförsterei Grunewald neu errichtete Forsthaus den Namen Försterei Eichkamp: aus mnd. *ekel* = Eichel + *kamp* = Landstück, eingefriedetes Weide- oder Ackerland, gehegtes Waldstück, also etwa = Sdlg beim gehegten Wald aus jungen Eichen.
- B.-EISWERDER 13585 (im Vwbz. Spandau) ca. 1560 nach dem Eiszwerder, 1728 Eis-Werder, 1775 Eiswerder, Colonistenort, 1861 Eiswerder: die bisher unbewohnte Havelinsel wurde 1746 einem steiermärk. Emigranten zur Ansdlg überwiesen; der ON entstand, da man im Winter bei der Insel Eis zur Lebensmittellagerung sammelte.
- B.-FAHLENBERG (in 12589 Köpenick sö von Müggelheim n des Seddin-Secs) 1861 Forsthaus Falkenberg: das vor 1800 angelegte Forsthaus erhielt seinen Namen nach dem kleinen Hügel *Fahlenberg* aus mnd. *val* = fahl + *berch* = Berg, also etwa = Sdlg am fahlen (= hellen) Berg.
- B.-FALKENBERG 12524 (im Stbz. Köpenick) 1850 Schröpfersches Etablissement auf Falkenberg gehört zu Alt-Glienicke, 1869 Vorwerk Falkenberg: angelegt 1845, erhielt den N nach dem s gelegenen *Falkenberg(e)*, als FlurN belegt 1703 Ein Kirchen Heydichen, der Falckenbergk.
- B.-FALKENBERG 13057 (im Stbz. Weißensee) 1349 Herr Hasse von Falkenberg, 1370 in villa Valkenberg, 1375 Falkenberg, 1525 Hans Ilow vonn Falkenberg, 1624 Falkenberge, 1805 Falkenberg:

aus mnd. *valke* = Falke (als heraldischer Name) + *berch* = Berg, also = Sdlg am Falkenberg.
- B.-FLACHE HAHN (in 12555 Alt-Köpenick) 1897 Flache Hahn, Ansiedlung: aus mundartl. *Haan* = Grenzhecke, eingefriedetes Feldstück (Hagen), also etwa = eingehegtes Gelände.
- B.-FRIEDENAU 10827 (im Vwbz. Schöneberg) ein zur Gutsfeldmark Wilmersdorf gehörendes Gelände erhielt 1872 in Erinnerung an den 1871 zwischen Preußen und Frankreich geschlossenen Frieden bei der Anlage einer Landhäuserkolonie den N *Frieden-au*.

1871 legte der »Landerwerb- und Bauverein auf Aktien« auf dem Oberfeld des alten Rittergutes Wilmersdorf die Landhauskolonie *Friedenau* an, die ihren Namen nach dem 1871 geschlossenen Frieden von Frankfurt erhielt und bereits 1874 zur selbständigen Landgemeinde wurde. 1902 wurde F. Ortsteil von Schöneberg. Seit 1899 arbeitet hier die Bildgießerei HERMANN NOACK immer noch auf die alte Weise (u. a. die Quadriga).
- B.-FRIEDRICHSFELDE 10315 (im Stbz. Lichtenberg) seit 1319 im Besitz von Berlin; 1265 Lodewicus de Rosenvelde, 1375 Rosenfeld, 1589 Rosenfelde, 1700 Friedrichsfelde: aus mnd. *rose* = Rose + *velt*, also = Sdlg beim Feld voller Rosen; nachdem R. 1698 in den Besitz von Kurfürst FRIEDRICH III. von Brandenburg (seit 1701 König in Preußen) übergegangen war, erhielt es den N *Friedrichsfelde*.
- B.-FRIEDRICHSHAGEN 12587 (im Stbz. Köpenick) 1753 Friedrichshagen: die nach FRIEDRICH II. von Preußen benannte Kolonie wurde 1753 für 100 Familien böhmischer und sächsischer Feinwollspinner angelegt und 1920 in Berlin eingemeindet.
- B.-FRIEDRICHSHAIN 10243 (Stbz.) wurde 1920 aus einigen Altberliner Bezirken sowie dem Dorf → *Stralau* gebildet und erhielt seinen Namen nach dem 1846/48 und 1875/76 von GUSTAV MEYER angelegten Park Friedrichshain. *Hain* wurde seit KLOPSTOCK für einen anmutigen Wald gebräuchlich. 1938 wurden Gebiete des ehem. Vorwerks *Boxhagen* (die vorher zu Lichtenberg gehörten) eingemeindet. 1868/74 wurde hier unter dem Einfluß von VIRCHOW das erste *Städtische Krankenhaus* Berlins errichtet. 1932 starb in ihm der SA-Führer HORST WESSEL, der in seiner Wohnung lebensgefährlich verletzt worden war; daher hieß 1933/45 der Verwaltungsbezirk 5 »Horst-Wessel-Stadt«. Neben dem Krankenhaus liegt der »Friedhof der Märzgefallenen« mit

185 Opfern der Revolution von 1848 und 33 der Revolution von 1918 (seit 1948 Gedenkstätte).

F. ist ein Arbeiterbezirk. Im II. Weltkrieg wurden mehr als 50% der Gebäude zerstört. Durch F. ziehen sich die großen Ausfallstraßen der *Frankfurter Allee* und der *Landsberger Allee*. Die Frankfurter Allee hieß 1949/61 »Stalinallee«, in der nach 1950 mit massigen Wohnhochhäusern ein Demonstrationsobjekt des »sozialistischen Baustils« errichtet wurde; von den Arbeitern an diesem Objekt ging im Juni 1953 der Anstoß zum DDR-weiten Aufstand aus, den die Führung dann durch sowjetische Panzer niederwalzen ließ. 1961 wurde das Stalin-Denkmal abgerissen, der w Teil der Allee in »Karl-Marx-Allee« umgetauft, der ö Teil hieß wieder »Frankfurter Allee«.

1842 wurde (zunächst als »Frankfurter Bahnhof«) als Kopfbahnhof für die Strecke Berlin-Frankfurt/Oder der *Schlesische Bahnhof* erbaut, der 1950 in »Ostbahnhof« umgetauft wurde. Zu F. gehört auch → *Stralau*.

- B.-FRIEDRICHSTADT wurde nach 1688 als 5. Stadt Berlins angelegt, 1709 mit Berlin vereinigt, und erhielt seinen Namen nach dem Kurfürsten FRIEDRICH III. von Brandenburg, seit 1701 König FRIEDRICH I. in Preußen.
- B.-FRIEDRICHSWERDER wurde ab 1662 als Neustadt angelegt, nach Kurfürst FRIEDRICH WILHELM benannt und 1709 mit Berlin vereinigt.
- B.-FROHNAU 13465 (im Vwbz. Reinickendorf) 1909 erhielt die im Entstehen begriffene Villenkolonie in der Gemarkung Stolpe den Namen »zur frohen Aue«. Auf den ca. 745 ha Heide erfuhren die Leitgedanken des »Bundes Heimatschutz" durch Fürst HENCKELL ZU DONNERSMARCK eine einzigartige Verwirklichung. Die großstadtferne Wald- und Gartenstadt, deren Bebauung erst in den 60er Jahren abgeschlossen wurde, weist noch immer eine gewisse soziale Exklusivität auf (der 1. Poloplatz in Dtld.).
- B.-FÜRSTENBRUNN 14050 (im Vwbz. Charlottenburg) 1861 Fürstenbrunn Etabl., vorm altes Schützenhaus: das nach 1818 erbaute Schützenhaus erhielt den Namen, als 1857 am Lietzensee ein »Neues Schützenhaus« erbaut wurde, nach einem naheliegenden Brunnen, der eisenfreies Wasser spendete (er hieß im Volk »Pißmänneken«, weil er sein Wasser durch die Penisse zweier männl. Gestalten abgab).

- B.-GATOW 14089 (im Vwbz. Spandau) 1258 Gatow, 1351 Gotowe, 1375 Gotow, 1450 Ghotow, um 1500 Gatow: aus aplb. *Chotov* zum aplb. PN *Chot*, also etwa = Sdlg des Chot; das Dorf wurde 1920 in Berlin eingemeindet.
  So auch D-14943 GOTTOW bei Jüterbog; poln. Chotów.
- B.-GESUNDBRUNNEN 13347 (im Vwbz. Wedding) 1861 Gesundbrunnen: der Brunnen wurde 1759 auf einem zum Vorwerk Wedding gehörenden Grundstück entdeckt, das Brunnenhaus wurde von Dr. BÖHM angelegt. Der Brunnen wurde 1861 nach Berlin eingemeindet.
- B.-GIESENSDORF 12207 (im Vwbz. Steglitz) 1299 Ciuitatem Teltow infra scriptis uidelicet Ghiselbrechtstorpp, 1352 in villa Ghyselbrechtstorp, 1429 Gisebrechtstorff, 1497 Gismarstorff, 1527 Gisenstorff, 1775 Giesensdorf: aus dem mnd. PN *Giselbrecht + dorp*, also = Dorf des Giselbrecht; ein Teil der Gemarkung hieß *Wenddorf* nach während der Kolonisationszeit eingemeindeten Slawen. 1877 wurden die Gemeinde G., die Gutsbezirke G. und *Lichterfelde* zur Gemeinde *Groß-Lichterfelde* vereinigt, 1920 mit Berlin vereinigt.
- B.-GRÜNAU 12527 (im Stbz. Köpenick) 1749 die Einrichtung des Etablissements der 4 Colonisten Familien ..., welcher Ort in Zukunft Grüne Aue genant werden soll, 1775 Grünaue, 1839 Grünaue: die Sdlg wurde also »zur grünen Aue« benannt.
- B.-GRÜNERLINDE (im Vwbz. 12555 Köpenick) 1752 auf so genandter Grüner Linde vor coepenick ...zehen Familien Häuser erbauet, 1775 Grünerlinde 1856 Grünerlinde: 1878 wurde die Kolonie der Stadtgemeinde Köpenick einverleibt, die »Sdlg bei der grünen Linde«.
- B.-GRUNEWALD 14193(Vwbz. Wilmersdorf) 1542 dis hus zu Baven angefangen vnd ... zu Grunewald genent, 1698 unser hauß Grunewaldt, 1704 das Königl. Jagdt Hauß Grünewaldt, 1779 Grunewald: der Name bezog sich urspr. nur auf das Schloß »Im grünen Wald« und wurde erst danach auf die Umsiedlung (Wald und Kolonie) erweitert; die Kolonie wurde 1898 selbständige Gemeinde, die 1920 zu Berlin kam. Der Wald hieß urspr. 1455 »in vnszer heide, die Teltoische heide gnant.«
  Das dichte Waldgebiet des Grunewalds war in slaw. Zeit Siedlungsscheide zwischen Havelslawen und Spreeslawen. Es war seit den askan. Markgrafen landesherrl. Eigentum und unterstand der

Vogtei Spandau (daher auch »Spandowische Heide«). Bis 1903 diente es als landesherrl. Jagdrevier.

Seit 1920 umfaßt der Bezirk Wilmersdorf den n Teil des Forstes G., der Bezirk Zehlendorf den s Teil. Den Namen hat der Forst von einem Jagdschloß, das sich Kurfürst JOACHIM II. am See erbauen ließ und »Zum grünen Wald« nannte. Der schlichte Renaissancebau erfuhr 1693–1707 größere bauliche Veränderungen und erhielt seine heutige Gestalt. Nach dem I. Weltkrieg ging das Schloß in Staatsbesitz über und erfuhr seit 1933 erhebliche Bereicherungen durch altdt. Malereien des 16. Jh.s sowie niederländ. Bilder aus den Depots der preuß. Schlösser.

Im Zug der von BISMARCK angeregten Ausgestaltung des alten Dammwegs zum *Kurfürstendamm* legte die »Kurfürstendamm-Gesellschaft« seit 1889 an seinem SW-Ende eine Villenkolonie an. Sie wurde bereits 1899 zur selbstständigen Landgemeinde erhoben und zog vor allem Wissenschaftler und Künstler an. Noch während des I. Weltkriegs wurde der Bau der »Automobil-Verkehrs- und Übungsstraße« Avus begonnen, die zur schnellsten Rennstrecke der Welt, 1951 wieder eröffnet wurde, aber heute nur als Teil der Bundesautobahn von Bedeutung ist.

- B.-HAKENFELDE 13587 (Vwbz. Spandau) 1691 wurde ein Garten angelegt, der 1731 in den Besitz des Kaufmanns HAAKE überging: 1774 Hackens Meyerey, 1784 bey Haaks Meyerey, 1805 Haakenfelde, 1861 Hackenfelde, 1897 Hakenfelde.
- B.-HALENSEE 14055 (Vwbz. Wilmersdorf) 1540 der halensehe halben In der teltowschen heiden, 1567 Holesee, 1581 der Hale See, 1598 Item den halben Rotsehe und halben hole sehe, 1831 Halensee, 1897 Kolonie Halensee: aus mnd. *hol* = vertieft, muldenförmig, tiefe Wasserstelle, also etwa = See in der Talsenke (der ehem. Harden Heide).
- B.-HASELHORST 13599 (im Vwbz. Spandau) 1577 durch die Haselhorst, 1590 die Hasel Horst, 1835 Haselhorst, 1848 wird dem Rittergut Plan mit Rücksicht auf die gleichnamige Flachsfabrik bei Spandau der Name Haselhorst beigelegt: aus mnd. *hasel* = Haselgebüsch + *horst* = trockene Erhebung im Wiesengelände, also etwa = FlurN »Trockenrücken mit Haselgebüsch« bzw. = Sdlg auf dem Trockenrücken mit Haselgebüsch.
- B.-HASENHEIDE 12099 (im Vwbz. Tempelhof) 1775 Hasenheide, ein Försterhaus, 1805 Hasenheide, Etablissements und

Sommerwohnungen, 1861 Colonie Hasenheide: 1901 wurde das bebaute Gebiet H., 1904 das Gut H. mit Rixdorf (heute Neukölln) vereinigt und kam mit R. 1920 zu Berlin; der FlurN 1718 Haasen Heyde auff den Riexdorfischen Felde, 1720 der Hasengarten genant, 1744 Haasen Gehege: ein 1678 für den Kurfürsten zur Jagd angelegtes Gehege mit Hasen.

- B.-HEERSTRABE 14052 (im Vwbz. Charlottenburg) 1910 wurde für die Berliner Garnison eine Straße zum Truppenübungsplatz D-14727 DÖBERITZ bei Nauen angelegt, von der der 1914 gebildete Gutsbezirk *Heerstraße* im Gutsbezirk Grunewald-Forst seinen Namen bekam.
- B.-HEILIGENSEE 13503 (im Vwbz. Reinickendorf) 1308 in hylegense, 1375 Heyligense, 1480 Hilgensee, 1536 das Dorff heiligen Sehe, 1608 Hilickense, 1775 Heiligensee: die Sdlg »am heiligen See« übernahm ihren ON von diesem, der zum Kloster Lehnin gehörte.

  Das Gebiet war bereits in vor- und frühgeschichtl. Zeit wegen der günstigen Lage bevorzugtes Sdlgsgebiet. Es fand sich bronzezeitl. Keramik. Das linsenförmige große *Angerdorf* wurde wohl bereits um 1200 von der dt. Sdlg erfaßt. Im 13. und 14. Jh. fand sich hier an der nach Spandau wichtigsten Paßstelle an der oberen Havel bereits eine ertragreiche Fährverbindung. Das Dorf auf einer Havelhalbinsel gelangte 1544 an den Kurfürsten, gehörte zum Amt Mühlenbeck und im 19. Jh. zum Amt Oranienburg.

  Den 30jähr. Krieg hat H. besser als andere Barnimdörfer überstanden: 1652 waren von 15 Bauernhöfen nur 1, von 7 Kossätenstellen nur noch 4 wüst.
- B.-HEINERSDORF 13089 (im Stbz. Pankow) 1319 villam Hinrickstorppe, 1375 Hennichstorf, 1444 das dorff heinrichstorff, 1527 Hinrichstorf, 1608 Heinersdorff, 1775 Heinersdorf: aus dem mnd. PN *Hinrik* = Heinrich + *dorp*, also = Dorf des Hinrik.
- B.-HELLERSDORF 12629 (Stbz. Marzahn) 1375 Helwichstorf deserta, 1416 ein wuste dorff helwerstorff, 1586 Auf der wuestenn Feldmarcke zu Helmstorf, 1624 Helmsdorf, 1775 Hellersdorf: urspr. wohl 2 Dörfer gleichen Namens, die um 1375 wüst fielen, gegen 1593 war wieder eine Schäferei vorhanden; aus dem PN *Helwig* + *dorp*, also = Dorf des Helwig.
- B.-HERMSDORF 13467 (im Vwbz. Reinickendorf) 1349 hermanstorp, 1450 Hermenstorff, 1541 Hermsdorff, 1775 Herms-

dorf: aus dem mnd. PN *Herman* = Hermann + *dorp*, also = Dorf des Hermann.

Das kleine *Sackgassendorf* an der Straße Berlin-Oranienburg wurde wohl kurz nach 1220 aus einer slaw. Sdlg nach dt. Recht umgelegt. Nach 1374 ist H. weitgehend wüstgefallen, wurde 1694 vom Kurfürsten übernommen und zum Amt Nieder-Schönhausen getan und seit 1891 durch eine »Terraingesellschaft« mit Landhäusern bebaut.

- B.-HERZBERGE (im Stbz. 10365 Lichtenberg) 1893 wurde auf einem Gelände mit einem kleinen Hügel namens *Herzberge* eine gleichnamige Irrenanstalt aus 30 Gebäuden errichtet.
- B.-HESSENWINKEL 12589 (im Stbz. Köpenick) 1781 des Vorwercks Heßenwinckel, 1805 Hessenwinkel, Erbpachts-Vorwerk, 1861 Hessenwinkel, Colonie: 1742 wurde ein kleines Vorwerk angelegt, das vom FlurN 1704 im Haßelwinkel seinen Namen bezog: aus mnd. *hassel* = Haselstrauch (später umgedeutet zu »Hessen«) + *winkel* = abgelegene Gegend, also etwa = Haselsträucher in abgelegener Gegend.
- B.-HOHENSCHÖNHAUSEN 13055 (im Stbz. Weißensee) 1284 Conradus de Schonenhusen, 1356 in campis ville alte Schonehusen, 1375 Schonhusen alta, 1450 Hogen Schonhuszen, 1541 Hohenschonhausen, 1624 Hohen Schönhausen: 1831 entwickelte sich in der Nähe die Kolonie Hohen Schönhausen; zur Unterscheidung vom tiefer gelegenen → *Niederschönhausen* erhielt der Ort seit dem 14. Jh. den Zusatz »Hohen«; wohl ein ÜN aus D-39524 SCHÖNHAUSEN an der Elbe (1212 Sconehusen), der wiederum als ÜN von NL-7361 SCHONHUUSEN bei Beek in Nordbrabant gilt (= schöne Sdlg).
- B.-HORSTENSTEIN (in 12277 Marienfelde) 1839 »erhielt das auf der Marienfelder Erbpachtskirchenleihe« errichtete Vorwerk den Namen *Haus Horstensein*.
- B.-HUNDEKEHLE 14193 (im Vwbz. Wilmersdorf) 1774 Hundekehl, Einzeln Fischerhauß bei Schmargendorff, 1805 Hundekehl, Forsthaus zu Dahlem gehörig, 1861 Hundekehle: Fischerhaus bzw. Försterei erhielten ihren Namen vom nahegelegenen *Hundekehlensee* (wohl identisch mit dem 1567 genannten *Rotsee*); aus dem FlurN *hunt* = Ackermaß, 1/6 Morgen (1382 wird bei *Kladow* eine Flur so genannt: »vsque ad tractum, qui dicitur Hwnt«) + mnl. *kele* = Schlucht, Bergenge, also etwa = die Flur von 1/6 Morgen in der

engen Schlucht (was gut zu den natürlichen Gegebenheiten paßt); dann wäre der FlurN auf den See übergegangen und von dort wieder auf das Fischerhaus bzw. die nachmalige Sdlg.
- B.-JOHANNISTHAL 12437 (im Stbz. Treptow) 1759 ohnweit Cöpenick ... so benahmten Johanis-Thal, 1766 Der Johannisthal, 1775 Johannisthal, Koloniedorf: benannt nach dem Kammerrat JOHANNES WERNER, der 1753 ein größeres Gut zur Ansiedlung von 10 Familien aus Böhmen und Sachsen errichtete; 1880 wurde der Gutsbezirk aufgelöst und mit der Gemeinde *Johannisthal* vereinigt, die 1920 zu Berlin kam.
- B.-JOHANNISTISCH (im Stbz.. 10969 Kreuzberg) 1685 Johannis Tisch, 1744 Johannes Tisch, 1805 Johannistisch: das Gelände gehörte einst dem Johanniterorden, der hier eine Tabagie unterhielt, vor der ein »riesenhafter Walnußbaum stand, der mit einem großen runden Tisch umgeben war.«
- B.-KANISWALL (im Stbz. Köpenick) 1805 Kaniswerder, 1861 Kaniswall, Gut: das Gut wurde nach dem FlurN benannt: 1704 Kahnß-Wall, wohl aus einem PN wie *Kanis* o. ä. + *Wall* = kleine Erhöhung in Sumpf und Moor (die Geschichte des Fischers KANIS erzählt THEODOR FONTANE in »Wanderungen durch die Mark« Band 3, S. 246 f.).
- B.-KARLSHORST 10319 (im Stbz. Lichtenberg) CARL VON TRESKOW legte ein Vorwerk an, das 1825 nach ihm den Namen *Carlshorst* bekam.
- B.-KAROLINENHOF 1752 erhielt die Gemeinde Schmöckwitz aus dem Amtsforst 72 ha, auf denen Bauer KERSTEN ein Gut errichtete, das er nach seiner Frau benannte; 1894 erfolgte die Freigabe zur Parzellierung.
- B.-KAROW 13.125 (im Stbz. Pankow) 1244 Fridericus de Kare, 1375 Kare, 1459 Caro, 1527 Charow, 1608 Carow, 1805 Karow: wohl aus aplb. **Chary* = Plural zum aplb. PN **Char*, also = Sdlg der Gesippen des Char.

Das große *Straßendorf* wurde wohl um 1240 gegründet. Bis 1600 hatten die VON RÖBEL das gesamte Dorf in ihren Besitz gebracht. Nach Pest und Krieg waren 1652 von 11 Höfen noch 6, von 9 Kossätenstellen noch 2 wüst. Danach wurde K. in ein abgabenpflichtiges Schulzengut umgewandelt und erfuhr keine Minderungen mehr. Die Dorfkirche aus dem A des 13. Jh.s gehört als spätroman. Granitquaderbau zu den ältesten erhaltenen im Raum Berlin.

- B.-KAULSDORF 12621 (im Stbz. Marzahn) 1285 presentibus Nicolao de Caulestorp, 1375 Cauwelstorff, 1527 Kawelstorf, 1624 Kaullstorff, 1861 Caulsdorf: wohl ein ÜN von D-67768 KAHLA bei Liebenwerda (1406 Kauwel, 1500 Kawle, 1550 Kaule) aus aso. *Kovali* zu aso. *koval'* = Schmied, also etwa = Sdlg bei der Schmiede.
- B.- KIEKEMAL (in 12623 Stbz. Marzahn) 1752 Kickemahl, 1775 Kieckmahl Dorf, 1805 Kieckemahl, Vorwerk und Kolonie: 1751 als Feldmark bei Mahlsdorf erwähnt, 1752 als Vorwerk errichtet, bei dem später eine Kolonie entstand, die 1911 nach Mahlsdorf, 1920 mit Mahlsdorf nach Berlin eingemeindet wurde; aus mnd. *kiken* = schauen, also etwa = schau einmal.
- B.-KIETZ 12557 (im Stbz. Köpenick) 1375 spectat ad castrum vicus, qui dicitur Kytz, 1387 uf dem kitze darselbens, 1589 Uff dem Keitz zu Kopenick, 1610 aufm kütze, 1775 Kietz bey Cöpenick, 1805 Kietz bey Cöpenick, Fischerwohnungen: soviel wie »kleine Dienstwohnungen«; bis 1897 als Landgemeinde selbständig, dann mit Köpenick vereinigt, 1920 zu Berlin.
- B.-KIETZER FELD 13595 (im Stbz. Köpenick) das Wohngebiet wurde nach dem *Kietzer Feld* benannt (1839), die Sdlg begann, nachdem 1883 die *Kietzer Vorstadt* begonnen hatte; die eigentliche Bebauung setzte erst nach 1958 ein.
- B.-KLADOW 14089 (im Vwbz. Spandau) 1267 Clodow, 1375 Cladow: aus aplb. *Klodov* zu aplb. *klod* = Baumstamm, also etwa = Sdlg bei Baumstämmen (Holzfällersdlg? Sdlg in der Rodung?), beim Brückenholz (Holzsteig durch den Sumpf?).

 Die alte slaw. Sdlg ist 1313 bereits ein im Kern bis heute gut erhaltenes *Angerdorf* im Besitz der Benediktinerinnen von Spandau. Nach deren Säkularisierung 1558 wurde es Amtsdorf. 1920 dem Bezirk Spandau eingegliedert.

 Die Landhaus-Sdlg am Großen Glienicker See, bei deren Erbauung Gräber von Elbgermanen des 3. Jh.s festgestellt wurden, kam erst nach 1945 hinzu.
- B.-KOHLHASENBRÜCK 14109 (Kolonie von Wannsee im Vwbz. Zehlendorf) 1599 Kohlhasen Brücke, 1680 Kohlhasenbrücke, 1766 Kohlhasenbrück, 1805 Kohlhasenbrück, Krug: 1858 mit dem Gemeindebezirk Stolpe vereinigt, 1920 kam S. an Berlin.

 Urspr. bezeichnete man eine »kleine über die Bache (Böke) oder sogenannte Telte gehende Brücke« so nach HANS (Johannes)

KOHLHASE, der wegen erlittener Ungerechtigkeiten im kurfürstl. Brandenburg zum individualistischen Empörer wurde; nach der Überlieferung soll er »eine Anzahl Silber Kuchen ... unter einer Brücken, die noch heutigen Tages Kohlhase-Brücke heisst, in das Wasser versenkt« haben (ihn machte 1810 HEINRICH VON KLEIST im »Michael Kohlhaas« unsterblich).

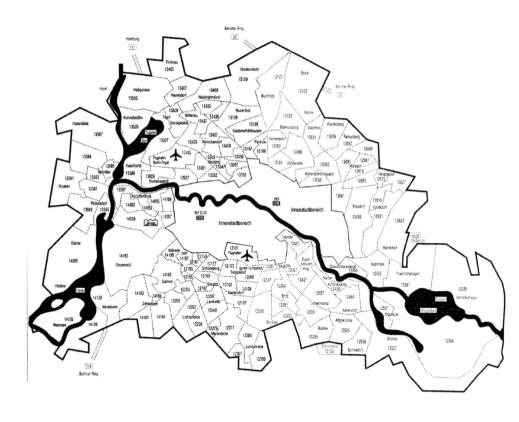

Die Aufgliederung Berlins nach Postleitzahl-Bezirken
Vorlage: Im Postleitzahlenbuch unter »Berlin«

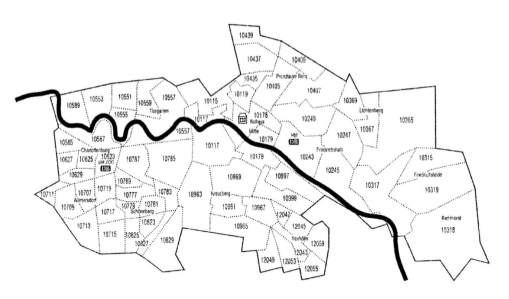

*Postleitzahl-Bezirke in Berlin-Innenstadt
Vorlage: Im Postleitzahlenbuch unter »Berlin«*

- B.-KÖLLN bzw. NEUKÖLLN 10179 (ehem. Nachbar- und Doppelstadt s der Spree), 1237 Symeon, plebanus de Colonia, 1247 Symeon, prepositus de Colonia juxta Berlin, 1285 ecclesie Parochiali in Colne, 1316 in Colonia supra Sprewam, 1344 in Colne prope Berlin, 1373 civitas Colonia, 1375 in Colne, 1451 in vnser stadt Cölln, 1546 zu Colln ahn der Sprew: aus aplb. *Kol'n zu aplb. *kol = Pfahl, Pflock, also = mit Pflöcken befestigte Ufersdlg; (? Deutungen oder ÜN aus Köln/Rhein bzw. aus *colonia* dürften wegen des durchgehenden -ll- unwahrscheinlich sein). 1307 mit Berlin vereinigt. Kurfürst FRIEDRICH II. hob, nachdem er sich der Macht bemächtigt hatte, die Vereinigung wie die Privilegien der beiden wichtigen Handelsstädte 1442 wieder auf, die erst 1709 endgültig vereinigt wurden.

Kölln entwickelte sich wohl im 12. Jh. aus einem Warenumschlagplatz auf einer Spreeinsel an der Verbindung zwischen Barnim und Teltow zu einer Fernhandelssdlg, die 1232 Stadtrecht erhielt. K. wurde über den Mühlendamm durch die Spree mit Berlin verbunden. Die Doppelstadt hatte seit 1307 einen gemeinsamen

Rat, trat gemeinsam der Hanse bei, ist ab 1345 als Tagungsort der brb. Städte belegt und stellte schon im 14. Jh. das größte Steueraufkommen der Mark. 1443 begann mit dem Bau des Köllner Schlosses trotz der neuen Trennung der Städte die Geschichte der Doppelstadt als Residenz der HOHENZOLLERN.

Nach 1668, als der s um Kölln laufende Spreearm verschalt war, wurde auf dem anderen Ufer die Anlage des Stadtteils *Neu-Cölln* begonnen. 1709 wurden Berlin, Kölln, Friedrichswerder, Dorotheenstadt und Friedrichstadt unter Einschluß der Vorstädte zur *Residenzstadt Berlin* vereinigt. Der Bereich der ehem. Stadt Kölln wurde dem Bereich des benachbarten Stadtteils Neu-Kölln zugeschlagen.

Im Bereich von *Neukölln* belegen Funde seit dem E der Mittelsteinzeit bis ins 7. Jh. pCn Sdlgskontinuität. In Britz wurden 41 Hausstellen einer steinzeitl. Sdlg des »Rixdorfer« Horizonts gefunden, der Kultur und Leben der Steinzeitmenschen deutlicher zeigt als jeder andere Fundort in der Mark. In Rudow wurde eine semnonisch-burgund. Sdlg des 2. bis 5. Jh.s aufgedeckt; in der Nähe wurde ein komplettes »Industriegebiet« der Germanen aus der Zeit 0–50 pCn ausgegraben. Aus der M des 6. Jh.s stammt das Reitergrab eines Germanen, das bisher einzige in der Mark. (→ *Rixdorf*).

- B.-KÖLLNISCHE VORSTADT 10179 (im Stbz. Köpenick) 1861 Cöllnische Vorstadt: die Bebauung begann M des 19. Jh.s auf dem li Dahmeufer w und sw der Köpenicker Altstadt.
- B.-KÖPENICK 12555 (Stbz. Köpenick) 1209 Copnic, zu 1240 super castris Koppenik et Middenwalde, 1298 per oppidum Kopenick, 1322 Kopenik, 1373 civitas Copenik, 1387 das hus vnd stadt zu Kopenik vp der Sprewen, 1409 thu Copenic, 1527 Kopenick, 1597 Das Schloß zue Köppenigk ... undt daß Stettlein Köppenigk, 1610 zu Koepenick, 1775 Cöpenick: aus aplb. **Kop'nik* zu urslaw. **kopa* = Erdhügel, Grenzhügel, also etwa = Sdlg auf dem Erdhügel (die Burganlage der mittelslaw. Periode) die um 1000 zerstört und durch eine spätere slaw. Anlage erneuert wurde).

Die Wendenburg mit bedeutender Dienstsdlg (Kietz) kam erst 1145 endgültig an Brandenburg. Zuvor hatte sie seit dem frühen MA bis etwa 1150 große Bedeutung als Zentrum des Sprewanengebiets, von dessen Fürsten lediglich JAXA VON COPNIC namentlich bekannt ist: auf seinen Münzprägungen um 1150 wird er JA-

CZA genannt; das Teilfürstentum bestand noch Jahrzehnte. Nach der Eroberung durch den Markgrafen wurde die Markgrafenburg angelegt, um 1245 die Altstadt, 1298 wird sie als Marktstadt (»Oppidum«) genannt, um 1300 findet eine Erweiterung statt, 1325 erhielt sie Stadtrechte (»civitas«).

Im 9. Jh. befand sich am S-Ende der Schloßinsel eine runde slaw. Wallanlage, die ca. 925 zerstört wurde; ihr folgte eine 2., die etwa von 925 bis ca. 1000 bestand und dann ebenfalls gewaltsam zugrunde ging. Um 1000 begann eine weitere Schicht, die bis ca. 1240 dauerte. Sie fiel einer Brandkatastrophe zum Opfer. Danach wurde nur noch der n Teil der Insel besiedelt, durch eine dt. Wallanlage, zu der sich in askan. Zeit bereits eine Burg gesellte. Der s Teil der Insel verschwand unter dem steigenden Wasserspiegel. Die slaw. Bevölkerung ist wohl umgesiedelt worden. Nach 1240 entstand der *Kietz*, der wie überall Begleiterscheinung der askan. Kolonisationstätigkeit ist und mit dem man nahezu ausschließlich kleine Sdlgn bezeichnet, etwa die Fischersdlg zu einer Burg o. ä. Um 1150 ist der einzige Slawenfürst dieser Gegend bekannt, JAXA.

Die etwa 825 erbaute älteste Burganlage bestand nach ihrer Erneuerung um 925 noch bis zum E des Jh.s, bis zu den deutschpoln. Lutizenkämpfen von 983, und wurde danach zerstört. Ihre Nachfolgerin ging um 1200 in Kämpfen unter, die wohl ein einheimischer Fürst entfacht hatte, der so den ASKANIERN den Weg bahnte. Nach 1240 begannen diese mit ihrem Burgenbau in Köpenick. 1325 wurde K. Stadt, 1381 erhielt es eine Ratsverfassung. 1409 erhielt der Rat die Gerichtshoheit über die Stadtbürger. 1424 erhielt K. einen Jahr- und einen Wochenmarkt. Im 15. Jh. erscheint als älteste Handwerker-Innung die der Imker, die den ausgedehnten Waldbesitz der Stadt zu nutzen wußten. Im 16. und 17. Jh. treten auch die Innungen der Leinweber, Schuster und Bäcker auf. 1558 begann Kurfürst JOACHIM II. mit dem Bau eines stattlichen Jagdschlosses.

Im 30jähr. Krieg wurde K. von Kaiserlichen wie von Schweden verwüstet. 1677 begann Kurfürst FRIEDRICH WILHELM mit dem Bau eines Barockschlosses, wodurch höfisches Leben nach K kam. 1730 erlebte Köpenick das Familiendrama im Königshaus, als das Kriegsgericht über den Kronprinzen FRIEDRICH und seinen Freund, den Leutnant KATTE, zu urteilen hatte. Für die Stadt wirkte sich die Regierungszeit FRIEDRICHS II. wohltätig aus: sie wurde zum Mittelpunkt einer bodenständigen Seidenmanufaktur. Nach 1815 zog die industrielle Expansion Berlins die Nachbarstadt immer stärker an.

1906 fand die Affäre des Schuhmachers WILHELM VOIGT als »Hauptmann von Köpenick« statt. 1920 ging K. durch das »Gesetz über die Bildung einer neuen Stadtgemeinde Berlin« in dem neu geschaffenen 16. Verwaltungsbezirk von Berlin, in *Berlin-Köpenick* auf.

- **B.-KRAMPENBURG** 12559 (im Stbz. Köpenick) 1711 von der Krampen Buhde, Fischerhütte, 1805 Krampembude, unbewonte Fischerhütte: nach 1869 wurde an dieser Stelle ein Gasthaus errichtet, das den klangvolleren Namen *Krampenburg* erhielt: aus dem GewN aplb. *Krąp zu urslaw. *krop = starke Quelle, also etwa = Sdlg bei der starken Quelle.

- **B.-KREUZBERG** 10963 (Vwbz. Kreuzberg) 1821 wurde auf der Spitze des *Tempelhofer Bergs* ein von KARL FRIEDRICH SCHINKEL geschaffenes Denkmal zur Erinnerung an die Befreiungskriege 1813–1815 eingeweiht, dessen Spitze ein »Eisernes Kreuz« schmückte, weshalb der Berg in *Kreuzberg* umbenannt wurde; der neue Name wurde auf die dabei entstandene Kolonie übertragen (1728 Die Wein-Berge, 1775 Tempelhoffsche Weinberge, 1819 auf dem Templower Berge, 1831 Kreuzberg).

Der Verwaltungsbezirk K. entstand 1920 aus den hist. Stadtteilen *Friedrichstadt*, *Luisenstadt* und *Tempelhofer Vorstadt*; die Luisenstadt war bis 1802 Köpenicker Vorstadt. 1847 entstand hier mit der *Diakonissenanstalt Bethanien* der Kaiserswerther Schwestern die bis 1890 einzige Krankenanstalt Berlins.

Um 1800 hatte die Bebauung über die Stadtmauer hinausgegriffen; es entstand die Äußere Friedrichstadt (»Geheimratsviertel«). Vor dem Halleschen Tor wuchs um die seit 1735 angelegten Friedhöfe die Tempelhofer Vorstadt; deren Eingemeindung nach Berlin 1861 besiegelte einen Zustand. Die Stadtmauer wurde 1867/69 abgebrochen.

Am NHang des Kreuzbergs lag die Ziegelei, die 1290 den Franziskanern von Berlin geschenkt worden war. In sie flüchtete 1525 Kurfürst JOACHIM I. vor der prophezeiten Sintflut. Auf dem Heimweg am Abend überraschte ein Gewitter den Fürsten und tötete Kutscher und 4 Pferde. 1533 begann hier der Weinbau, der A des 19. Jh.s einging.

Das äußere Bild des Bezirks prägten die Gründerjahre und die Zeit 1885/1895. In der Friedrichstadt mußten die alten niedrigen Wohnhäuser aufwendigen Geschäfts- und Bürohäusern weichen. In der Luisenstadt entstanden die Hinterhoffabriken der Mittel- und Kleinbetriebe. Die Tempelhofer Vorstadt wurde durch die nach 1850 erbauten Kasernen für 5 Garderegimenter, 2 weitere Regimenter und umfangreiche Heeresversorgungseinrichtungen zum Garnisonsviertel. In der Bernburger Straße hatte die Philharmonie 1884–1944 ihren Konzertsaal.

Schwerpunkt des Wirtschaftslebens war das Zeitungsviertel mit den Verlagen von MOSSE, SCHERL und ULLSTEIN und der Reichsdruckerei. 1945 zerstörte ein Luftangriff Friedrichs- und Luisenstadt fast völlig, und zog die Tempelhofer Vorstadt stark in Mitleidenschaft. Der Wiederaufbau der Friedrichstadt als Wohn- und Gewerbeviertel hat durch die Neubauten der Ullstein-Springer-AG kräftige Impulse erfahren.

- **B.-LANKWITZ** 12167 (im Vwbz. Steglitz) 1239 Languitz, 1265 Lanchwitz, 1375 Lankewitz, 1450 Lanckwitz, 1624 Langwitz, 1805 Lanckwitz: 1920 mit Berlin vereinigt; aus aplb. *Ląkovьc zu urslaw. *loka = Wiese, Bucht, also etwa = Sdlg in sumpfiger Wiesenniederung.

  1239 schenkten die Markgrafen von Brandenburg L. dem Nonnenkloster zu Spandau. Infolge der Reformation kam es um 1540 zum Amt Spandau, im 18. Jh. an das Amt Mühlenhof bis 1872. 1895 begann der Ausbau zur Gartenstadt. 1902 wurde L. Garnison. Die Eingliederung 1920 in die Einheitsgemeinde Berlin unterbrach die Entwicklung der Gartenstadt nicht: man baute jetzt statt Einzelhäusern Wohnsiedlungen.

- **B.-LICHTENBERG** 10637 (Stbz. Lichtenberg) 1288 Lichtenberge, 1375 Lichtinsberg, 1459 Lichtenberge, 1540 im dorf zu Lichtenbergk, 1861 Lichtenberg: aus mnd. *licht* = leuchtend + *berch* = Berg, also etwa = Sdlg beim leuchtenden [= hellen] Berg; die Stadt wurde 1920 Berlin einverleibt.

  Vorgeschichtl. Funde belegen die Besdlg seit der Jungsteinzeit. 1920 wurde der Verwaltungsbezirk aus der Stadt L., den Gemeinden Friedrichsfelde, sowie Biesdorf, Kaulsdorf, Mahlsdorf, Marzahn, Hellersdorf und Wuhlgarten gebildet. 1912 war bereits die Gemeinde Boxhagen-Rummelsburg eingemeindet worden.

  Das *Angerdorf* L. befand sich seit 1364 im Besitz der Stadt Berlin. Seit dem 18. Jh. verlegten wohlhabende Berliner Beamte und Bürger ihren Sommeraufenthalt nach L. 1907 wurde L. zur Stadt erhoben.

Um 1820 wurde das Vorwerk *Karlshorst* angelegt, auf dem 1862 das erste preußische Armeejagdrennen ausgetragen wurde. Nach dem II. Weltkrieg wurde K. Sitz der Sowjetischen Militäradministration in Deutschland (SMAD). – Das 1375 erstgenannte *Angerdorf Biesdorf* wurde 1665 vom Kurfürsten aufgekauft und dem Amt Köpenick unterstellt. Das 1347 erstgenannte *Angerdorf Kaulsdorf* gehörte im 18. Jh. teilweise dem Chemiker FRANZ CARL ACHARD, der seit 1786 Versuche zur Zuckergewinnung aus Rüben anstellte und 1799 eine erste Zuckerfabrik einrichtete. – Das *Straßendorf Mahlsdorf*, das 1345 erstgenannt ist, besitzt eine Glocke mit der Jahreszahl 1488 und der Inschrift »Mater Dei Misere Mei«. – *Hellersdorf* war 1375 bereits teilweis wüst und ging 1866 als Rittergut in den Besitz der Stadt Berlin über, die dort Rieselfelder anlegte. – Das *Angerdorf Marzahn* wurde 1300 erstmals genannt; es kam 1675 in den Besitz des Amtes Köpenick. Im 19. wurden *Alt-* und *Neu-*M. vereinigt.

- B.-LICHTENRADE 12099 (im Vwbz. Tempelhof) 1375 Lichtenrode, 1437 in dem dorffe liechtenrode, auff dem Teltow gelegen, 1450 Lichtenrode, 1480 Lichtenrade: aus mnd. *licht* = leuchtend, hell + *rod* = gerodetes Stück Land, also etwa = Sdlg auf der lichten Rodung.

  Funde der Aunjetitzer Kultur lassen eine bronzezeitl. Besdlg der Gemarkung vermuten. A des 13. Jh.s wurde L. wohl durch fläm. Kolonisten angelegt als *Angerdorf*. 1688 erwarb das Domstift zu Cölln den Ort, der 1920 zum Verwaltungsbezirk Tempelhof kam.

- B.-LICHTERFELDE 12209 (im Vwbz. Steglitz) 1289 Arnoldus de Lichterfeld, 1316 in villa Lichtervelde, 1450 Lichterfelde: aus mnd. *licht* = hell, leuchtend + *velt* = Sdlg auf offenem Feld; doch gilt der ON als ÜN aus B-8810 LICHTERVELDE bei Roeselare, dessen Bedeutung nicht faßbar ist (laut GYSSELING 1127 Lichterfelda, 1197 Littheruelde, 1198 Listreuelde; jedoch laut CARNOY eine Verschreibung für *lifter-velde* zum mnl. *luft* = links wie engl. »left«, also etwa = Sdlg auf dem Feld zur Linken, ähnlich B-2460 LICHTAART bei Turnhout: 1115 Lifterde, also = Sdlg auf der Ebene zur Linken).

Bodenfunde beweisen, daß die Gegend seit der jüngeren Steinzeit wiederholt aufgesuchtes Sdlgsgebiet war. Aus der Steinzeit fand man eine ausgedehnte Sdlg (ca. 1100–1000 aCn), aus der Kugelamphorenzeit ein Grab (E 3. Jh. aCn), einen »Opferbrunnen mit über 100 kleinen Tongefäßen, das Urnengrab eines germ. Kriegers mit Ausstattung (2. Jh. pCn).

Durch Zusammenschluß der Gutsbezirke Giesendorf und L. mit der Gemeinde Giesensdorf entstand 1877 Groß-Lichterfelde, dem sich die Gemeinde L. 1879 ebenfalls anschloß.

Das *Straßendorf Giesensdorf* wird 1299 als »Ghiselberchtstorp« zuerst erwähnt, war um 1420 an die Markgrafen gefallen, 1641 schuf ERNST BALTHASAR VON DER GRÖBEN daraus einen Rittersitz. Nach dem 30jähr. Krieg waren von 11 Bauernhöfen nur noch 3 besetzt. – Das *Angerdorf Lichterfelde*, seit 1289 erwähnt, erlebte häufige Besitzerwechsel. 1866 begann man mit der Parzellierung der Äcker für eine Villenkolonie. 1871 schenkte der letzte Besitzer JOHANN VON CARSTENN (gest. 1896) dem Staat das Baugelände für die Hauptkadettenanstalt, 1884 wurde G.-L. Garnison für das Gardeschützen-Bataillon. 1881 wurde die erste elektrische Straßenbahn der Welt eingerichtet, 1903 wurde die erste elektr. Eisenbahn Dtld.s in G.-L. in Betrieb genommen.

- **B.-LINDWERDER** Havelinsel 14167 (im Vwbz. Zehlendorf) 1590 den Lindwerder, 1854 (FlurN) der Lindwerder: »mit Linden bestandene Insel« bzw. Sdlg auf der mit Linden bestandenen Insel.

- **B.-LÜBARS** 13469 (im Vwbz. Reinickendorf) 1247 Lubars, 1358 in lubas, 1450 Lubarsz, 1476 iegen Lubas gelegen, 1541 Libars, 1590 Lübarsch, 1775 Lübars: aus aplb. *L'ubaš* zum aplb. PN *L'ubaš*, also etwa = Sdlg des Ljubasch.

  Das kleine *Rechteckangerdorf* wird 1247 erstmals erwähnt. Unmittelbar nach der Gründung des Benediktinerinnen-Klosters Spandau (1239) war ihm L. geschenkt worden, das seinerseits wohl 1237 angelegt worden ist. Bis zur Säkularisierung durch die Reformation 1544 blieb es beim Kloster, seit 1558 gehörte es zum Amt Spandau. 1920 wurde es nach Berlin eingemeindet. Hier arbeiteten bis in die jüngste Vergangenheit noch die letzten Bauernhöfe (1963 insgesamt 14).

- **B.-LÜTZOW** 14053 (im Stbz. Charlottenburg) 1239 das Dorf Lucene, 1314 des Dorffs Luzen, 1373 zu Leutzow, 1375 Lutze, 1393 vmd den Sehe zur Luezen, 1450 Lucze, 1472 bey der Lutzen, 1591 zur Luetze, 1602 Lietze, 1624 Luetzl, 1717 Lütze, 1775 Lützow: 1861 mit Berlin vereinigt; wohl ein GewN wie der *Luzin* (See bei Feldberg in Mecklenburg: 1518 die Lotzin, 1780 Lucin), der abgegangene BachN *Lotzine* in den Vierlanden bei Hamburg (1180 Luzina), die *Lutze* (Insel in der Havel bei Plaue 1775 die Lutze) usw., wohl aus urslaw. *luc = Licht, also etwa = die Helle (Hellleuchtende; der See, das Gewässer, der/das hell leuchtet); als ON also = Sdlg an der Helleuchtenden.

- B.-MAHLSDORF 12623 (im Stbz. Marzahn) 1345 villam malterstorp, 1450 Malstersttorff, 1480 Malstorpp, 1624 Mahlstorff, 1861 Mahlsdorf: aus dem mnd. PN *Malter* + *dorp*, also = Dorf des Malter.
- B.-MALCHOW 13051 (gehört zu Berlin-Mitte) 1344 in malchowe, 1375 Malchow: aus aplb. *Malьchov zum aplb. PN *Malach*, also = Sdlg des Malach.
- B.-MARIENDORF 12107 (im Vwbz. Tempelhof) 1373 in den dörffern zu Marienfelde und zu Mariendorff, 1357 Margendorpe, 1450 Margendorff, 1591 Margendorf, 1624 Mariendorff, 1775 Mariendorf: nach der Jungfrau MARIA benannt, die Schutzpatronin des Templerordens war (spätestens 1210 errichtet; der Orden wurde 1312 vom Papst aufgehoben, sein Besitz dem Johanniterorden übereignet); mnd. *Margen* = Marien.

Bodenfunde der Lausitzer Kultur aus der älteren Bronzezeit. Nach dem Orden der Templer und dann dem der Johanniter kam M. 1435 an Kölln. Es wurde 1920 mit Tempelhof vereinigt und dann nach Berlin eingemeindet. Es entwickelte sich z. T. zum Industrievorort, z. T. zum Standort der ausgedehntesten Gartenbaubetriebe, z. T. zum Wohngebiet.

- B.-MARIENFELDE 12277 (im Vwbz. Tempelhof) 1344 in villa Merghenvelde, 1373 ... zu Marienfelde, 1375 Margenvelde, 1450 Margenfelde, 1541 Mergenfeldt, 1624 Marienfelde: nach der Jungfrau MARIA benannt, also = Sdlg auf dem Feld der Maria (Sdlg des Templerordens).

Nach dem Verbot der Templer war M. im Besitz der Johanniter, 1435 erwarb Berlin/Kölln den Ort bis 1831. Dann wurde ein Mustergut eingerichtet, das heute der Freien Universität zu Studienzwecken zur Verfügung steht.

Um 1220 entstand die Feldsteinkirche auf dem noch teilweise erhaltenen Anger, eine der ältesten der Mark.

- B.-MARTINICKE ehem. Gut in Moabit (10557 Vwbz. Tiergarten) 1805 Martiniique oder Rhabarberhof, 1861 Martinicke, auch Martinique, vorm. Rhabarberhof: urspr. ein Staketensetzerhaus aus dem 17. Jh., A des 18. Jh.s von einem Franzosen namens MARTIN gekauft, seither als »Martinique« bzw. »Martinicke« bekannt; vormals *Rhabarberhof*, da hier Pferde mit Rhabarber von Koliken und Verstopfung geheilt wurden.
- B.-MARZAHN 12685 (Stbz. Marzahn) 937 Mortsane (polabopomoran. Volksstamm) = *Morizani* (aus aplb. **Marcane* zu **marka* = Sumpf, Feuchtigkeit + Suffix *-jane* für Einwohner, also etwa = Sumpflandbewohner), 1300 in villa Morczane, 1375 Mortzan, 1412 czu der Martzan, 1527 Mertzan, 1624 Marzahn; etwa = Sdlg der Morizane, der Sumpflandbewohner.

  Da das Berliner *Marzahn* nicht in einem ausgesprochenen Sumpfland liegt, ist ein ÜN nicht unwahrscheinlich, bzw. die Ableitung des ON von den Bewohnern, den Morzani, wahrscheinlicher.

  M. wurde 1920 Berlin eingemeindet als OT des Stbz. Lichtenberg, 1979 eigener Stbz.

  Ähnlich heißen auch D-14778 MARZAHNE bei Brandenburg (1186 Marzane) und D-14913 MARZAHNA bei Wittenberg (1354 Mortzane).
- B.-MOABIT 10557 (zum Vwbz. Tiergarten) 1805 Moabit, urspr. Maulbeerplantage, 1861 Alt-Moabit, Colonie, Neu-Moabit, Colonie: entstand A des 18. Jh.s als Ansdlg französischer Hugenotten; *Alt-* und *Neu-Moabit* wurden 1861 aus Niederbarnim aus- und Berlin eingegliedert; der Name *Moabit* = Moabiter Land wurde von den frz. Ansiedlern gegeben; die Hugenotten repräsentierten den calvinistischen Flügel in Frankreich, der sich stark auf das AT stützte; das Volk *Moab* war ein Teil der Israeliten bzw. den Israeliten verwandte Nomaden, die sich im 13. Jh. aCn im Ostjordanland niederließen (→ *Tiergarten*).
- B.-MÜGGELHEIM 12559 (im Stbz. Köpenick): 1747 ... daß auf dem Coepenickschen Werder, ein Dorf von zwanzig Pfältzer Familien angelegt ... neuen Dorfe, so Müggelheim benahmt ..., 1775 Müggelsheim, 1907 Müggelheim: seit 1920 gehört M. zu Berlin; als BW dient der GewN *die Miggel*, heute Müggelsee (1394 den Tyns in der Miggel, 1487 von der Miggelseh, 1516 aus der Mickel, 1649 von der Miggel See, 1788 Müggelsee), gilt als sicherlich vorslaw. und wird zum idg. **migh* bzw. **mighla* = Nebel, Wolke

gestellt, also etwa = die Nebelreiche; das GW -*heim* gilt »mit sehr großer Wahrscheinlichkeit« als ÜN von D-55571 ODERNHEIM am Glan bei Kreuznach, von wo die meisten Siedler stammten.

- B.-MÜGGELSEE 12559 (im Stbz. Köpenick, Forsthaus und Strandbad zu Rahnsdorf) GewN 1394 in der Miggel, 1591 an die Miggel, 1744 an der Müggel, TheerOfen, 1805 Müggel, Müggelsee, 1839 Forsthaus Theerofen, 1861 Müggelsee, auch Müggelbusch, Forsthaus: der GewN gilt als sicherlich vorslaw. und wird zum idg. *migh* bzw. idg. *mighla* = Nebel, Wolke, also etwa = der Nebelreiche gestellt.

- B.-NIEDERSCHÖNEWEIDE 12439 (im Stbz. Treptow) 1598 eine wiese an der Sprew neben der schönen weide gelegen, 1702 nach dem Theerohfen bey der schönen Weyde, 1766 Schöneweide Theerofen, 1805 Schöneweide, 1866 bildete Schöneweide mit ... einen fiskalischen Gutsbezirk, 1871 erhielt der am linken Spreeufer gelegene Teil der Kolonie Schöneweide den Namen Niederschöneweide, 1878 ... in einen Gemeindebezirk verwandelt: 1920 zu Berlin eingemeindet; wohl aus mnd. *schöne* + *weide* = Weideplatz, also etwa = beim schönen [= angenehm zu bewirtschaftenden, zu bearbeitenden] Weideplatz.

- B.-NIEDERSCHÖNHAUSEN 13189 (im Stbz. Pankow) 1375 Schonenhusen inferior, Nydderen Schonhusen, 1450 Nedern Schonhuszen, 1591 nach Nieder Schönhaußen, 1775 Nieder-Schönhausen: erhielt zur Unterscheidung von → *Hohenschönhausen* von Anfang an den Zusatz »Nieder«.

  Das große *Angerdorf* ist wohl um 1220 gegründet worden und wird 1350 erstmals erwähnt. Nach Pest und Krieg waren 1652 von 8 Höfen noch 7, von 9 Kossätenstellen noch 2 wüst. 1622 entstand ein kleines Schlößchen, das 1708 durch J. F. EOSANDER VON GÖTHE zu einem größeren Lustschloß umgebaut wurde. 1760 zerstörten es russ. Truppen, 1764 wurde es wieder hergestellt und erweitert, 1932/36 restauriert und für Kunstausstellungen verwendet. Nach 1945 wurde es erneut verändert, diente 1949/60 dem Staatspräsidenten der DDR WILHELM PIECK als Sitz, war danach Sitz des Staatsrats, dann Gästehaus der Regierung.

  Im anschließenden Ortsteil *Schönholz* liegt der russ. Zentralfriedhof mit seinem Obelisken.

- B.-NIKOLASSEE 14129 (im Vwbz. Zehlendorf) 1901 wurde auf dem Gutsgelände *Düpel-Dreilinden* mit dem Bau der Kolonie *Ni-*

kolassee begonnen, die ihren Namen nach dem *Nikolas-See* erhielt (1242 Tusen: wohl zu urslaw. **tuch* = angefault, verdorben, also etwa = fauliges Wasser; so auch die poln. GewN Tusznica, Tuchlin); nachdem das Kloster Lehnin 1242 Zehlendorf erhielt, wurde der See in *St. Clawes See* (1591, 1652 Niclas See, 1704 Nikolaus See) umbenannt, nach dem hl. NIKOLAUS; 1910 wurde der Gemeindebezirk Nikolassee gebildet und 1920 von Berlin eingemeindet.

Der preuß. Prinz FRIEDRICH CARL kaufte 1859 das *Gut Vorwerk Neu-Zehlendorf*, richtete darauf ein Rittergut mit dem Jagdschlößchen *Dreilinden* (1955 abgebrochen) ein. 1864 erhielt es vom König zu Ehren des Siegs des Prinzen bei *Düppel* im deutsch-dän. Krieg den Namen »Düppel-Dreilinden«

Auf der Düppeler Flur entstanden die Villenkolonieen Nikolassee und Schlachtensee und die später mit Wannsee vereinigte Kolonie am Großen Wannsee. 1920 kamen die Villenkolonieen sowie das Rittergut D. zum Bezirk Zehlendorf.

- B.-NIKOLSKOE (in 14109 Stbz. Wannsee) 1847 Nikolskoi, 1861 Nicolskoe, 1897 Nikolskoe: ab 1819 wurde nö von Potsdam für CHARLOTTE, die Tochter von König WILHELM III. von Preußen und Gattin. des russ. Zaren NIKOLAUS I., ein Blockhaus im Stil russisch-orthodoxer Kirchen, die St. Peter-Pauls-Kirche und eine Schule errichtet, der ON entstand aus russ. *Nikolskoe selo* = Dorf des Nikolaus.
- B.-OBERSCHÖNEWEIDE.12459 (im Stbz. Köpenick) 1598 ... neben der schönen weide ..., 1775 Schöneweide, einzeln Haus, bey Cöpenick, 1797 Kattunbleichen, 1850 Schönweide am rechten Spreeufer, 1861 Schöneweide, 1871 erhielt der rechts der Spree gelegene Teil der Kolonie Schöneweide den Namen Oberschöneweide: 1920 zu Berlin eingemeindet.
- B.-OBERSPREE (im Stbz. 12555 Köpenick) 1897 Oberspree, Bahnhof: der N des Bahnhofs wurde auf die später hier gebaute Sdlg übertragen, vom N des »oberspree«, genannten Flußabschnitts (→ *Spree*).
- B.-OTTERBUCHT (im Vwbz. 13597 Spandau) 1855 Otternbucht, 1874 Otterbucht: ehem. eine Ausbuchtung der Spree, wo es *Fischotter* gab; also etwa = Sdlg bei den Fischottern.
- B.-PANKOW 13409 (im Stbz. Pankow) 1311 Pankow, 1375 Panko, Pankow, 1450 Panckow, 1624 Pancke, 1861 Pankow: 1920 nach Berlin eingemeindet; benannt nach der *Panke* (1251 in riuo, qui

Pankowe dicitur, 1591 in der Pancke ein fließ also genandt), aus aplb. *pqk = Büschel, Knospe, Wasserwirbel, also etwa = die Wirbelnde + PosS -ov, also = Sdlg an der Wirbelnden.

Das große *Angerdorf* dürfte um 1220 von einem Lokator des Markgrafen angelegt oder zu dt. Recht umgelegt worden sein. 1370 verkaufte der Markgraf P. an Berlin/Cölln. Seit dem späten MA wählten immer wieder wohlhabende Berliner Bürgerfamilien P. zum Landsitz. Wegen Pest und Krieg waren 1652 8 von 12 Bauernhöfen, 10 von 15 Kossätenstellen wüst. 1691 kaufte Kurfürst FRIEDRICH III. die Gutswirtschaft und unterstellte sie dem Amt Nieder-Schönhausen, das sie teilte. Um 1900 war P. völlig verstädtert.

1920 wurde aus P. sowie Niederschönhausen, Rosenthal, Blankenfeld, Buchholz, Buch, Karow, Blanenburg und Heinersdorf der *Stadtbezirk Pankow* gebildet.

- B.-PFAUENINSEL 14109, nw von Wannsee in der Havel (im Vwbz. Zehlendorf) 1680 Pfau Werder, 1684 Kaninchen Hegers Haus gebauwet, 1704 Der Pfauen Werder, welchen Sr. Königl. Majestät itzo mit Kaninchen Besetzen laßen und zum Ambte Potstamb geleget, 1775 Kaninchenwerder, 1861 Pfaueninsel, Kgl. Schloß: da dort erst seit 1797 Pfauen nachgewiesen sind, dürfte der N sich aus »Pagen-Werder« zu mnd. *page* = Pferd, Hengst, also etwa = Pferdeinsel, durch Eindeutschung des unverständlich gewordenen havelländischen »pau« = page zu nhd. *Pfau* entwickelt haben; nachdem 1793 FRIEDRICH WILHELM II. ein Lustschloß errichten und seit 1797 Pfauen aussetzen ließ, wurde der alte Name wieder in neuer Bedeutung gebraucht (die Nachbarinsel heißt »Kälberwerder«).

- B.-PICHELSBERG 13595 (im Vwbz. Spandau) 1861 Pichelsberg, zwei Gasthäuser und ein Forsthaus, 1897 Pichelsberg, Försterei, Gasthaus: die vor 1816 angelegten Gasthäuser wurden nach dem *Pichelsdorfer Berg* in Klammerform *Pichelsberg* benannt.

- B.-PICHELSDORF 13593 (im Vwbz. Spandau) 1375 Pychelstorp, 1439 Pigelstorpp, 1639 Pichelstorff, 1684 Pichelsdorf: MischN aus dem aplb. PN *Pychbl + dorp, also etwa = Dorf des Pichel.

Zahlreiche Funde aus spätslaw. Zeit bezeugen frühe Sdlg. Das Fischerdorf an der Havel gehörte wohl schon zu askan. Zeit mitsamt seinen Fischern zur dienstpflichtigen Bevölkerung, die der Burg zugeordnet war (1375 als Zubehör des *castrum Spandow* genannt).

- B.-PICHELSWERDER 13581 (im Vwbz. Spandau) 1733 auf dem Werder bey Pichelsdorff, 1786 Pichelsdorfer Werder, 1805 Pichelsdorfsche Werder, 1810 Pichels Werder, 1860 Pichelswerder: die Havelinsel bei *Pichelsdorf* wurde *Pichelsdorfscher Werder* genannt und erhielt als Namen die Klammerform *Pichelswerder.*
- B.-PLÖTZENSEE 13351 (im Vwbz. Charlottenburg) 1897 Plötzensee, Kolonie, Zellengefängnis: 1868 wurde hier ein großes Gefängnis erbaut, das besonders unter den Nazis in üblen Geruch kam; es wurde nach dem *Plötzensee* genannt (1436 den Plotczensehe, 1443 den See, genant dy ploctzensee, 1772 Ploetze), er hieß so wegen seines Reichtums an Plötzen, dessen Name aus dem Slaw. entlehnt ist (**plotica* = Plötze, Rotauge).
- B.-PRENZLAUER BERG 10405 (Vwbz.) 1920 wurde der Vwbz. *Prenzlauer Tor* gebildet, der 1921 mit Rücksicht auf die Bezeichnung im Volksmund *Windmühlenberg* in *Prenzlauer Berg* umbenannt wurde; 1748 hatte FRIEDRICH II. angeordnet, für den steigenden Verbrauch der Bevölkerung auf einem Berg an der Straße nach *Prenzlau* 5 Windmühlen errichten, den man seither den *Windmühlberg* nannte, bis sich nach 1826 allmählich der Name *Prenzlauer Berg* verbreitete.

  Die Bebauung der Felder am Rande des Barnim begann 1822. Im Laufe des 19. Jh.s siedelten sich zahlreiche Vergnügungsstätten an und entsprechend zahlreiche Brauereien, von denen aber nur die BÖTZOW-Brauerei als Familienbetrieb bis 1945 überlebte.

  Ab 1878 richtete die Stadt auf ca. 100 ha Fläche ihren städt. Vieh- und Schlachthof ein, auf dem auch die Impfanstalt, eine der ältesten Dtld.s, betrieben wurde. Im II. Weltkrieg wurde der Viehhof stark zerstört. Auf seinem Gelände entstand 1950 die *Werner-Seelenbinder-Halle*, eine große Sport- und Festhalle, in der auch Parteitage der SED stattfanden.

  E des 19. Jh.s gründete MARIE TAUCHER im P.-B. das *St. Josephsheim* für heimatlose Kinder, die Keimzelle zahlreicher St. Josephsheime in ganz Europa. Im Bezirk P.-B. lagen und liegen noch heute die klassischen Berliner Proletarier- und Mietskasernenviertel.
- B.-RADELAND 1684 (FlurN) des Alten Rahdelandes ... zur Newen Rahdelandt, 1835 Die neuen Radeländer, 1897 Radeland, Försterei: »Radeland« = durch Roden gewonnenes Ackerland, Rodeland, also etwa = Sdlg auf dem Rodeland.
- B.-RAHNSDORF 12589 (im Stbz. Köpenick) 1375 Radenstorf,

1487 Ranstorff, 1589 In Ranstorf, 1805 Rahnsdorf, Fischerdorf: MischN aus dem aplb. PN *Radьn* + *dorp*, also = Dorf des Raden.

- B.-RAUCHFANGSWERDER (OT von 12527 Schmöckwitz im Stbz. Köpenick) 1747 der Schmöckwitzer Werder, davon die am Rochs Werder an gelegener Spitze ..., 1747 Rocks-Werder, 1766 der Rochs Werder, 1780 Der Rauchs Werder, 1805 Rauchfangswerder, 1818 Der Fischer Rauchwerder, Roksewerder: entweder = der Rauchfang der Fischer (zur Speisenbereitung) in nd. *Rok* = Rauch, oder aus einem slaw. FlurN *Rog* zu urslaw. **rog* = Spitze, Landzunge, was dann volksetym. eingedeutscht wurde.

- B.-REHBERGE (im Vwbz. 13407 Reinickendorf) 1823 »Dem in der Jungferheide ... neuerbauten Unterförsteretablissement ist der Name Rehberge beigelegt worden«, nach dem *Rehberge* n des Plötzensees so genannt; 1375 dy Reberger marke, die Reberger marke, 1595 mit der Wüsten feltmarcke die Reheberge oder KriegsHeide: aus mnd. *re* = Reh + *berch* = Berg, also etwa = Sdlg bei dem rehreichen Berg; *Kriegsheide* gehört zum BW *Krieg*, mit dem Flurstücke bezeichnet wurden, deren Grenzen umstritten waren.

- B.-REINICKENDORF 13406 (Vwbz.) 1344 in villa Renekendorf, 1459 Reinekendorpe, 1608 Reinichendorff, 1805 Reinickendorf: aus dem mnd. PN *Reineke* + *dorp*, also = Dorf des Reineke.

Um 1230 angelegt, war das große *Angerdorf* bereits 1397 im Besitz von Berlin/Cölln und ab 1542 allein im Besitz von Berlin. 1652 waren als Folge von Pest und Krieg 12 von 13 Höfen, 1 von 6 Kossätenstellen wüst. Das Land fiel bereits 1870 der wachsenden Reichshauptstadt zum Opfer.

1920 wurde der 20. *Bezirk Reinickendorf* als 2.größter nach Köpenick aus den Orten R., Wittenau, Lübars, Hermsdorf, Frohnau, Tegel, Heiligensee und Jungfernheide gebildet sowie einem Teil von Rosenthal (der andere kam zu Pankow).

Seit der Berlin-Blockade 1948/49 wurde auf dem ehem. Artillerieschießplatz in *Wittenau* der dort eingerichtete Flugplatz zum 2.größten Zentralflugplatz Berlins »Tegelhof« ausgebaut.

Umstritten ist das in den 60er Jahren aus dem Boden gestampfte »Märkische Viertel«, ebenfalls in Wittenau.

- B.-RIXDORF heute NEUKÖLLN 12057 (Stbz.) 1360 des Husses tho Tempelhaue ... hebben vnsen hoff, gnant Richarsdorp, gewandelt vnd geleget ... thu eyme dorpe, 1450 Richerstorff,

1525 Rickstorf, 1591 Reichsdorf, 1775 Ricksdorf oder Richsdorf: *Rixdorf* ist eine Gründung des Templerordens, 1360 in ein Dorf umgewandelt, 1737 wurden »Achtzehen Böhmische Familien zu Ricksdorf angesetzt«, die neue Kolonie erhielt den Namen »Böhmisch R.«, während das alte Dorf »Deutsch R.« hieß; 1873 wurden beide Dörfer als *Rixdorf.* vereinigt, 1899 erhielt R. das Stadtrecht, 1912 wurde es in *Neukölln* umgetauft (da ihr Territorium an das der alten Stadt Cölln grenzte), 1920 wurde Neukölln von Berlin eingemeindet; aus dem PN *Richard + dorp*, also = Dorf des Richard.

Rixdorf ist heute Kern des Bezirks Neukölln. Die zitierte Urkunde von 1360 ist die einzige bekannte Dorfgründungsurkunde in der Mark. Der Templerorden dürfte A des 13. Jh.s die dt. Dorfsdlg R. angelegt haben (in dem RICHARD wird man den Lokator der Templer sehen dürfen). Nach ihnen hatten die Johanniter R. in Besitz und machten aus ihm 1360 das Dorf. 1435 verkauften sie es als »ewiges Lehen« an Berlin/Cölln. 1543 ging R. in den »alleinigen Besitz« von Cölln über. Das Dorf lag da an der alten Straße Cölln-Köpenick.

Seit der Wiedervereinigung von Berlin und Cölln 1710 war R. Kämmereidorf Berlins. 1756 schlossen sich die Böhmen in Berlin und R. im »Mährischen Synodus« auf Schloß Berthelsdorf der Herrnhuter Brüdergemeinde an.

In der *Hasenheide* (die ihren Namen der Tatsache verdankt, daß um 1678 hier der Hofjägermeister VON LÜDERITZ ein Hasengehege anlegte) eröffneten 1811 JAHN und FRIESEN den ersten dt. Turnplatz. Die Hasenheide war und ist die größte Vergnügungsstätte Berlins.

1872 wurden *Rixdorf* und *Britz* zum Amtsbezirk 24 vereinigt. 1899 erlangte R. als 2. Vorortgemeinde nach Schöneberg Stadtrecht und schied gegen 1 Mill. Mark Abfindung aus dem Kreis Teltow aus. 1912 genehmigte Kaiser WILHELM II. als ON *Neukölln*. 1920 wurde N. mit Britz, Buckow und Rudow der 14. der 20 Verwaltungsbezirke Berlins.

- B.-ROLLKRUG (im Stbz. 12057 Neukölln) 1737 Der Damm Krug am Riesdorfer Damm, 1744 Damm Krug, 1773 Dam oder Rollkrug, 1779 Rollkrug, ein Wirtshaus, so seinen Namen von den nahe dabey liegenden Rollergen erhalten hat, 1831 Rollkrug: der urspr. nach dem Rixdorfer Damm *Dammkrug* genannte Gasthof wurde wohl 1712 nach der Eröffnung der neuen Roststraße Berlin-Rixdorf angelegt und 1907 abgerissen; der Name *Rollkrug* kam erst nach 1750 auf, mit dem Namen *Rollberg* benannte man in Brandenburg meist Anhöhen an alten Landstraßen (hier an der Vereinigung der Landstraßen nach Köpenick bzw. über Mittenwalde nach Dresden), wobei den Namen die *Rollwagen* gaben = *die rollenden Wagen*.

- B.-ROSENTHAL 13158 (im Stbz. Pankow) 1365 Rosendalle, 1375 Rosental, 1480 Rosendal, 1591 Roßentahl, 1608 Rosendall, 1805 Rosenthal: ein WunschN aus mnd. *rose* = Rose + *dal* = Tal, also = Sdlg im Rosental.

  Das große *Rechteckangerdorf* wurde wohl unmittelbar nach dem Erwerb des Barnim durch die askan. Markgrafen um 1230 angelegt. 1547 schuf der Besitzer MICHEL HAPPE hier einen Rittersitz. Nach 1558 kam R. zum Berliner Amt Mühlenhof. 1652 waren infolge der Pest und des Kriegs 5 der 17 Höfe und 3 der 13 Kossätenstellen wüst. 1694 kaufte Kurfürst FRIEDRICH III. R. an und legte es mit Hermsdorf zum Amt Nieder-Schönhausen. Er ließ ein kleines Lustschloß nebst Park anlegen.

- B.-RUDOW 12355 (im Vwbz. Neukölln) 1373 bie dem dorfe Rudow, 1920 Rudow; es wurde 1920 mit Berlin vereinigt, aus dem aplb. **Rudov* zu urslaw. **ruda* = Eisenstein, rote Erde, also etwa = Sdlg auf der roten Erde.

  Die slaw. Sdlgsanfänge des Dorfs dürften in der 2. H des 12. Jh.s liegen. Noch in der 2. H des 13. Jh.s produzierten mehrere Töferöfen Keramik. In askan. Zeit wurde das Dorf ein ritterliches Dorf. Um 1652 gehörte es dem Kurfürsten.

- B.-RUHLEBEN (im Vwbz. 13597 Spandau) 1638 das neue Vorwerk, 1654 vorerwähntes Vorwerk dem ... Fischmeister Frank von Saldern ... ad vitam verschrieben, 1697 Vorwerk Saldern, 1704 das Vorwerck Ruhleben, 1805 Ruhleben: 1919 wurde der staatl. Gutsbezirk R. dem forststaatl. Gutsbezirk *Berlin-Heerstraße* einverleibt; *Ruhleben* ist wohl ein WunschN.

- B.-RUMMELSBURG 10315 (im Stbz. Lichtenberg) 1768 Charlottenhof, 1775 Rummelsburg: die Meierei *Charlottenburg* wurde dem Weinhändler *Rummel* verkauft, der dort zusätzlich ein Wirtshaus errichtete: die Rummelsburg, woraus sich der Sdlgs-N bildete (→ *Boxhagen*).

- B.-SAATWINKEL (zu 13507 Tegel im Vwbz. Reinickendorf)

1758 auf dem Saath-winckel, 1861 Saatwinkel: wohl ein alter FlurN, ein »unregelmäßiges Flurstück, das mit Getreide besät ist«; 1751 baute sich hier ein Holzwärter an, andere folgten; seit M des 19. Jh.s befand sich hier ein Gasthof.
- B.-SALZHOF (im Vwbz. 13585 Spandau) 1817 Salzholz-Niederlage, Haus, 1860 Salzhof bei Spandau: um 1750 wurde der Salzhof angelegt, wo Salz aus Schönebeck bzw. Halle aus Elb- in Oderkähne umgeladen wurde; später kam eine Holzniederlage hinzu.
- B.-SANDMÜHLE (im Vwbz. 12555 Köpenick) 1577 Sandt Molle, 1700 Die wüste Sandmühle, 1805 Sandmühle, Wasser- und Windmühle, 1861 Sandmühle, Papierfabrik: aus mnd. *sant* = sandige Fläche, also = Mühle auf sandiger Fläche.
- B.-SCHARFENBERG (im Vwbz. 13505 Reinickendorf) 1771 Scharffenbergswerder, 1831 Etabl. Der scharfe Berg, 1861 Scharfenberg, Gasthaus: 1771 war die *Scharfenbergswerder* genannte Insel im Tegeler See noch unbebaut, den Namen gab eine Erhebung *der scharfe Berg*, wobei »scharf« die Bedeutung »spitzig« hat.
- B.-SCHARFE LANKE (im Vwbz. 13581 Spandau, Sdlg an der Scharfen Lanke) 1232 ad stagnum, quod Scarplanke vocatur, 1897 Scharfelanke, Häusergruppe: die *Scharfe Lanke* ist eine Havelbucht, *Lanke* ein slaw. Reliktwort im Deutschen aus urslaw. *ląka* = Flußkrümmung, Ausbuchtung.
- B.-SCHILDHORN (im Vwbz. 13581 Spandau) 1805 Etablissement einiger Büdner, 1861 Schildhorn, zwei Wohnhäuser, 1897 Schildhorn, Gasthaus: MischN aus der Übersetzung des aplb. **ščit* zu urslaw. **ščit* = Schild. 1590 Die Styte, 1704 als die Styte + *horn* = Landzunge, Vorsprung, also wohl = Sdlg auf dem schildförmigen Landvorsprung (dem Schildhornberg) in die Havel.
- B.-SCHLACHTENSEE (im Vwbz. 14169 Zehlendorf) 1242 villa Slauicali, que Slatdorp dicitur, et duobus stagnis Slatse et Tusen, 1591 biß an den Schlachten See, 1704 Drey Seen alß Crummenlancksche, Schlachten und Nicolaus Seen, 1759 auf dem sogenannten Schlachten-See … wegen Erbauung eines Fischer Hauses, 1805 Schlachtensee, Fischerhaus, 1897 Schlachtensee, Bahnhof und Villenkolonie: aus mnd. *slat, slacht* = Pfahlwerk als Uferbefestigung, als Fisch- oder Mühlenwehr quer durch das Flußbett, also dürfte das »Slawendorf« etwa des Namens »beim hölzernen

Fischwehr« gewesen sein, der dann zum SeeN und später zum ON wurde.
- B.-SCHMARGENDORF (im Vwbz. 12161 Wilmersdorf) 1275 Margrevendorp, 1375 Marggrevendorpp, 1450 Smargendorff, 1473 Smagreuendorff, 1541 Margrauendorff, 1591 Schmarkendorff, 1624 Schmarchendorff, 1775 Schmargendorf: wohl ein ÜN vom ehem. *Markgrevendorf* bei D-06869 COSWIG in Anhalt, weil 1275 das Stift Coswig als Patron der Kirchen in Schmargendorf und Dahlem erwähnt wird; aus mnd. *Markgreve* = Markgraf + *dorp*, also = Dorf des Markgrafen.

Das von den Markgrafen gegründete Dorf war bereits 1375 größtenteils in Privathand übergegangen. Die ritterl. Hufe des Dorfes hatte HENNINK WILMERSTORP aus einem der ältesten Geschlechter der Mark inne. Seine Familie brachte bis 1610 das ganze Dorf an sich. Der letzte VON WILMERSDORF verkaufte 1799 S. zusammen mit Dahlem und Schönow. Das Rittergut wurde aufgelöst, S. in ein reines Bauerndorf verwandelt. S. und Dahlem erwarb der preuß. Domänenfiskus, der den Bauern ihre Höfe zu freiem Eigentum überließ. 1872 wurde S. mit Wilmersdorf und Friedenau zu einem Amtsbezirk zusammengefaßt, der 1899 selbständig wurde und 1920 in Berlin aufging.
- B.-SCHMÖCKWITZ (im Vwbz. 12555 Köpenick) 1375 Smewitz, Smekewitz, 1450 Smekewitz, 1527 Schmöckwitz, 1775 Schmöckewitz, 1805 Schmöckwitz: aus aplb. **Smekovьc* zu aplb. **smek* = Schlange, Drache, Teufel, also etwa = Sdlg an der sich Schlängelnden (demnach ein urspr. GewN).
- B.-SCHMÖCKWITZ WERDER (im Vwbz. 12555 Köpenick, Kolonie) 1447 das man heyst eyne Werder ... czuschen Smekewitz und Wornstorf, 1516 Vff den Smeckwischen Werder, 1547 vber den Schmockewitzschen Werder, 1805 Schmöckwitzer Werder, Kolonie, 1850 Schmöckwitzwerder, Dorfgemeinde, 1897 Schmöckwitzwerder, Kolonie: → *Schmöckwitz.*
- B.-SCHÖNEBERG 12157 (Vwbz.) 1264 villa Sconenberch, 1375 Schonenberge, 1450 Schonberch, 1591 Schönenbergk, 1775 Schöneberg: aus mnd. *schön* = schön + *berch* = Berg, also etwa = Sdlg auf dem schönen Berg.

1750 wurde in der Nähe des Dorfes S. eine č. Kolonie angelegt, die zunächst *Böhmerberg* und dann *Neu-Schöneberg* hieß, während dem alten Dorf der Name *Alt-Schöneberg* gegeben wurde;

1874 wurden beide Dörfer als S. vereinigt, 1898 erhielt S. als erster Vorort das Stadtrecht, 1920 wurde *Schöneberg* mit Berlin vereinigt.

Der *schöne Berg* war bereits in der jüngeren Steinzeit Sdlgsplatz. Im 1.-3. Jh. pCn gab es eine semnonische Sdlg, in der man das »Schöneberger Rind« fand, eine mit Zink legierte Bronzestatuette, die es erlaubte, die »Hundisburger Gruppe« von Rinderfiguren zeitlich ins 3. Jh. zu stellen.

Im 1. Drittel des 13. Jh.s entstand an der Handelsstraße von Sachsen zum Spreeübergang von Berlin/Cölln, heute Teilstück der B 1, das Dorf S., das Kurfürst JOACHIM I. 1506 kaufte und dem Amt Mühlenhof unterstellte. Er legte einen »Küchengarten« an, aus dem ab 1656 der Botanische Garten wurde, der noch später der Akademie der Wissenschaften unterstellt war. Sein Kustos war 1819–1838 ADELBERT VON CHAMISSO. Um 1900 wurde der Garten nach Dahlem verlegt; an seiner Stelle entstand seit 1911 der »Heinrich-von-Kleist-Park«.

1750/51 ließ FRIEDRICH II. im Zuge der »Peuplierungspolitik« 20 Kolonistenhäuser für aus Böhmen vertriebene Protestanten errichten. 1760 äscherten Russen Alt-S. ein, die Böhmen fanden in Neu-S. Unterkunft. 1874 wurde A. mit N. vereinigt.

Nach dem Wiederaufbau erhielten die Bauern ihre Höfe als erbl. Eigentum. Es erschienen Beamte und Bürger als Besitzer von Bauernstellen. Andere folgten und ließen sich an der Straße nach Berlin Landhäuser errichten. 1791/93 wurde sie als erste Straße Preußens chaussiert. S. wuchs so, daß es 1898 Stadtrecht bekam, 1899 aus dem Landkreis Teltow ausschied und einen eigenen Stadtkreis bildete. 1920 wurde es bei Eingemeindung nach Berlin mit Friedenau zum Bezirk 11 zusammengelegt.

Nach der Spaltung Berlins 1948 wurde das *Schöneberger Rathaus* Sitz von Senat und Abgeordnetenhaus und damit Mittelpunkt des polit. Lebens West-Berlins. Im Turm des Rathauses läutet seit 1950 jeden Mittag die größte Glocke Berlins, die »Freiheitsglocke«. Auf dem weiten Platz vor dem Rathaus fanden zahlreiche Großkundgebungen statt, so auch die aus Anlaß des Besuchs des US-Präsidenten JOHN F. KENNEDY 1963, der hier seinen berühmten Satz sprach, er sei stolz darauf zu sagen: »Ich bin ein Berliner.«

– B.-SCHÖNHOLZ (OT von Niederschönhausen im Stbz. 13189 Pan-

kow) 1757 Ihro May. der Königin Plantage zu Schönhausen, 1791 Schoenholz, 1805 Schönholz, Kolonie: 1752 plante die preußische Königin ELISABETH CHRISTINE die Anlage von Maulbeerplantagen, auf denen 1767 12 Siedler aus Böhmen angesiedelt wurden; der ON bedeutet als NeuN »Ansdlg im schönen Gehölz«.
- B.-SCHÖNOW 14165 (im Vwbz. Zehlendorf) 1299 Ciuitatem Teltow infra scriptis uidelicet ... Schonow, 1375 Schono, 1450 Schonow, 1624 Schönow: 1894 wurde S. mit Zehlendorf vereinigt, 1920 Z. mit Berlin; aus mnd. *schön* + *ouwe*, also = Sdlg in der schönen Aue (in der Niederung, der Telte-Bäke)
- B.-SCHWANENWERDER (Insel in der Havel, zum Vwbz. 14129 Zehlendorf) 1704 Der Sandtwerder, 1788 Der Sandwerder, 1897 Sandwerder, Kolonie, 1901 Insel Sandwerder in Schwanenwerder umbenannt: der *Sandwerder* = sandige Insel erhielt den ansprechenderen Namen *Schwanenwerder*.
- B.-SEDDINWALL (im Vwbz. 12527 Köpenick) 1897 Seddinwall, Etablissement: der auf das Fischerhaus übertragene Name des *Seddin*-Sees (1487 vf dem Crossin/vnd Seddin, 1591 der Settin, 18. Jh. der Seddien): wohl aus aplb. *Sĕdin zu ostseeslaw. *sědza*, slowinzisch *sieza* = Netz zum Stintfang, also etwa = Fischerhaus zum Stintfang.
- B.-SPANDAU 13581 (Stbz.) 1197 Spandow, 1209 in Spandowe, 1317 Spandow, 1572 Spando, 1878 Spandau: aus aplb. *spądov zu aplb. *spąd = Scheffel, Eimer, der Ort wurde wohl metaphorisch nach der Form einer Ausbuchtung der Havel benannt, also etwa = Sdlg an der eimerförmigen Bucht. Ab 1887 bildete er eine eigene Stadt, die 1902 Berlin eingemeindet wurde.

Erste Sdlgsspuren um 55 000 aCn in der Altsteinzeit, ebenso während der mittleren und der jüngeren Steinzeit. Bronzezeitl. Sdlgen und Gräberfelder lassen ein Ansteigen der Sdlgstätigkeit im 11. bis 9. Jh. aCn erkennen. Die Eisenzeit ist schwach vertreten, german. Fundmaterialien der röm. Kaiserzeit nehmen wieder zu. Der größte Teil dieser Bevölkerung ist im 3. und 4. Jh. pCn nach W abgewandert, doch hielten schwache Reste die Sdlgskontinuität bis zu den Slawen aufrecht. Sie sind erstmals durch ein Gefäß des Prager Typus des 7. Jh.s pCn vertreten.

Bei S. überquerte bereits im Hohen MA eine Fernhandelsstraße von Magdeburg nach Gnesen (bzw. nach Pommern und Preußen) die Havel. S. war ferner Einfallstor ins slaw. Land der Liutizen, das »Land Stodor des Fürst-Königs PRIBISLAW-HEINRICH von Brandenburg«. Die Übergangsstelle bedurfte des ständigen Schutzes durch eine Burganlage, einer Burgwall-Insel auf den Götelwiesen.

Sie begann gegen E des 8. Jh.s, die Burg 4 gehört bereits ins 10. Jh., gegen E des 10. Jh.s erfolgte eine durchgreifende Umgestaltung. Burg 6 dürfte A des 12. Jh.s angelegt worden sein, Burg 7 reichte in die frühaskan. Zeit hinein. Außerdem wurde auf der Zitadellen-Insel eine unbefestigte spätslaw. Sdlg ausgegraben. 1197 wird erstmals mit dem Ort der Vogt von S. erwähnt.

Anfänge der dt. Besdlg sind frühestens A des 13. Jh.s festzustellen. ALBRECHT DER BÄR ließ wohl im Winkel von Havel und Spree die erstmals 1197 erwähnte Burg anlegen. 1332 wurde der neben ihr entstandenen städt. Sdlg das brb. Stadtrecht verliehen.

Seit dem MA sind Burg, Stadt und Kloster zu unterscheiden. *Die Burg* (bzw. die spätere Zitadelle) ist stets landesherrlich geblieben. 1560/94 wurde an ihrer Stelle die Zitadelle errichtet als moderne Festung mit Bastionen, seit 1638 erheblich verstärkt; dadurch bekam die Stadt den Charakter einer Festungs- und Garnisonsstadt, doch konnte der Rat die Stellung von S. als kurmärkischer Immediatstadt bis 1808 aufrechterhalten.

Die Stadt war im MA Sitz einer Propstei an der Nikolaikirche, einer Kalandsbruderschaft (einer Bürgerbrüderschaft zur gegenseitigen Hilfe), einer großen Judengemeinde, einer Reihe von Bettelorden, und einer großen Stadtschule.

Das Kloster der Benediktinerinnen wurde vor 1293 vom Landesherrn gegründet. Es gehörte zu den ältesten der Mark und besaß ausgedehnten Grundbesitz. Es wurde 1558 säkularisiert und seine Besitzungen mit denen des Schloßamtes zum kurfürstl. Amt Spandau zusammengelegt.

1578 legte Graf LYNAR eine Pulvermühle an, 1722 folgte der Bau einer Gewehrfabrik, 1855 der Bau einer Geschützgießerei; weitere Unternehmen der Rüstungsindustrie firmierten 1920–1945 als »Deutsche Werke AG«.

Nach dem II. Weltkrieg entstand eine ausgedehnte Industrie für den privaten Bedarf, ein großes Tanklager der Shell AG, und eine Filmindustrie mit Ateliers.

Spandau war 1887 kreisfreie Stadt geworden, trat 1912 dem Zweckverband Groß-Berlin bei, wurde 1920 durch das Berlin-

Gesetz eingemeindet, behielt aber bis heute seinen durchaus eigenständigen Charakter.
- B.-SPÄTHSFELDE (im Stbz. 12437 Treptow) nach der Familie SPÄTH benannt; CHRISTOPH SPÄTH hatte 1720 vor dem Halleschen Tor eine Gärtnerei begründet, die 1760 nach der Köpenicker Straße in Altglienicke verlegt wurde und sich seit 1864 mit ihren Baumschulen am heutigen Platz befindet.
- B.-SPINDLERSFELD (im Stbz. 12555 Köpenick) S. wurde nach JULIUS WILHELM SPINDLER benannt, der 1872 an der Oberspree vor Köpenick mit dem Aufbau von Färberei und Wäscherei begonnen hatte.
- B.-SPRINGPFUHL (im Stbz. 12687 Marzahn) 1700 Springpfuhl: aus mnd. *Sprinkpol = Pfuhl, in dem eine Quelle entspringt.
- B.-STAAKEN 13591 (im Vwbz. Spandau) 1273 in villa stakene, 1320 Stacken, 1419 Staken: aus mnd. *stake* = Knüppel, Stock, Pfahl: also etwa = Sdlg bei den Pfählen [gegen Überflutung].
- B.-STEGLITZ 12169 (Vwbz.) 1375 Stegelitz, 1413 Steglitz, 1480 Stegelitz, 1828 Steglitz: aus aplb. *Ščeglьc* zu slaw. *Ščegel* = Stieglitz, also etwa = Sdlg bei den Stieglitzen (dt. *Stieglitz* ist Lehnwort aus dem Slaw.).

Das 1375 erstmals erwähnte Straßendorf wurde nach 1872 Villenkolonie und bevorzugter Wohnsitz von Industriellen, Beamten und Gelehrten, so auch des 1948 gest. Schriftstellers und Verlegers HEINRICH SOHNREY.

1901 gründete der Abiturient des seit 1886 bestehenden Steglitzer Gymnasiums KARL FISCHER mit Mitschülern die *Wandervogel*-Bewegung (hierzu → auch *Dahlem*). 1919 war S. die größte Landgemeinde Preußens. Die Erhebung zur Stadt verhinderte der I. Weltkrieg.

1920 entstand aus den Landgemeinden S., Groß-Lichterfelde, Lankwitz und dem Ortsteil Südende der Landgemeinde Mariendorf der 12. von 20 Berliner Verwaltungsbezirken.

- B.-STEINSTÜCKEN (im Vwbz. 14165 Zehlendorf) 1683 Stein Stücken, 1805 Hackens Jägerhaus, 1835 Unterförsterei am Steinstücken, 1851 Die Steinstücken, Enclave zum Gemeindebezirk Stolpe, 1897 Steinstücken, Kolonie und Försterei: der N *Steinstücken* ist urspr. ein FlurN = ein Ackerstück mit vielen Steinen, ein steiniges Flurstück; die Försterei gehörte urspr. der Familie VON HAKE.
- B.-STERNFELD (im Vwbz. 13583 Spandau) 1721 bis an den

güldnen Stern, 1784 der güldne Stern Krug, 1848 Schneide- und Gipsmühle ... Paulstern benannt, 1874 wird das Gebiet ... einschließlich Paulstern ... Sternfeld benannt: sternförmig gehauene Schneisen im Wald wurden oft »Stern« genannt (etwa das ehem. Jagdschloß *Stern*).

- B.-STOLPE (heute Wannsee 14109 im Vwbz. Zehlendorf) 1299 Slauicum Stolp, 1375 Stolpiken, 1450 Stolpe, 1591 Stolp, 1624 Stollp, 1775 Stolpe: 1898 mit *Wannsee* vereinigt; es wird aus der Form der Erstnennung »Slavicum Stolp« vermutet, daß es in der Nähe ein untergegangenes »Deutsch Stolpe« gegeben habe; wohl aus aplb. **Stolp* zu urslaw. **stъlp* = Pfeiler, Pfosten, Vorrichtung zum Fischfang im Wasser, also wohl = Sdlg beim Fischfanggerät (im *Stölpchen See*).
- B.-STRALAU 10245 (im Vwbz. Friedrichshain) 1240 Thidericus de Stralow, 1375 Stralow, Stralo, 1459 Stralov, 1541 Stralow: aus aplb. **Str'alov* zu aplb. **str'ala* = Pfeil, Flußarm, also etwa = Sdlg am Flußarm, beim Ausfluß zweier Flüsse (S. liegt auf einer Halbinsel zwischen Spree und Rammelsburger See).
- B.-STRESOW 13597 (im Vwbz. Spandau) 1345 vna curia et orta in aria Strezow prope Spandow sitis, ca. 1540 eyn jder Burger vff dem streso, 1584 uff dem Stresow, 1745 Vorstadt Stresow: wohl aus aplb. **Strěžov* zu aplb. **strěž* = Uferschwalbe o. ä., also etwa = Sdlg bei den Uferschwalben, oder aus **Strežov* zum aplb. PN **Strež* = Sdlg des Strež.
- B.-SÜDENDE (im Vwbz. 12167 Steglitz) 1873 »Dem der Aktien-(Bau)Gesellschaft Südende zugehörigen ... Fläche ... ist der Name Südende beigelegt worden«.
- B.-TEGEL 13507 (im Vwbz. Reinickendorf) 1322 Tygel, 1375 Tygel, Tigel 1450 Tigel, 1527 Tiegell, 1775 Teegel, 1805 Tegel: gilt als ÜN aus NL-5931 TEGELEN in Limburg; wohl nach einer Ziegelbrennerei benannt (ndl. ad 986 Tegelon, 1195 Renerus de Tigele), mnd. *tegel* = Ziegel. 1920 zu Berlin eingemeindet.

Das unregelmäßige *Platzdorf* auf bronzezeitl. Sdlgsstätte dürfte ca. 1237 gegründet oder zu dt. Recht umgelegt worden sein. 1361 verkaufte es sein Besitzer an das Kloster in Spandau. Nach der Säkularisierung 1558 kam es zum Amt Spandau. Als Folge von Pest und Krieg waren 1652 3 von 8 Höfen und die beiden Kossätenstellen wüst. Um 1558 ließ Kurfürst JOACHIM II. ein Renaissance-Herrenhaus errichten, das unter Kurfürst FRIEDRICH WILHELM zum Jagdschloß umgebaut wurde. 1760 wurde T. mitsamt Schloß von den Russen geplündert. 1768 erwarb ALEXANDER GEORG VON HUMBOLDT (gest. 1779) T. durch Heirat. Ab 1802 war sein Sohn WILHELM VON HUMBOLDT alleiniger Besitzer des inzwischen allodialen Ritterguts. Das Schloß ließ er 1802/24 von KARL FRIEDRICH SCHINKEL in seine heutige klassizistisch-strenge, gleichzeitig aber südländisch-villenartige Gestalt von unvergleichlichem Reiz umgestalten. Schloß T. ist seit 1945 der letzte märk. Herrensitz, der noch von Nachfahren der Eigentümer des 18. Jh.s bewohnt und verwaltet wird.

- **B.-TEMPELHOF** 12099 (Vwbz.) 1247 magister Hermannus de Templo, 1271 inter Tempelhove et berlin, 1344 in Tempelhoff, 1375 Tempelhove, 1450 Tempelhofe, 1591 Im Tempelhofe, Tempelhoff, 1775 Tempelhof: aus mnd. *tempel* = Templerorden + *hof* = Gebäudeanlagen zum Zweck einer Gemeinschaft, also etwa = Gebäude des Templerordens (spätestens 1210 errichtet); 1312 hob der Papst den Orden auf und überwies seine Liegenschaften den Johannitern; man nimmt an, daß urspr. das Dorf »Tempelfelde« geheißen hat, daß aber dieser ON von *Tempelhof* verdrängt wurde. 1920 zu Berlin eingemeindet.

Der Fund eines ostgerman. schwarzen Tongefäßes weist auf eine burgund. Sdlg hin, die im 4. Jh. hier bestanden hat. Als *Angerdorf* war T. urspr. im Besitz der Templer, 1318 kam es an die Johanniter, die es 1435 an Berlin/Cölln verkauften. In der Folge wechselten die Besitzer der Freihöfe häufig. 1910 konnte die Gemeinde dem preuß. Kriegsministerium den w Teil des seit FRIEDRICH WILHELM I. als Übungs- und Paradeplatz der Berliner Garnison dienenden Tempelhofer Feldes abkaufen; seit 1923 entstand hier die weiträumige Gartenstadt *Neu-Tempelhof*. 1920 wurde T. mit Mariendorf, Marienfelde und Lichtenrade zum 13. Bezirk von Berlin vereinigt und ihm eingemeindet.

Weit über Dtld. hinaus ist T. durch den *Zentralflughafen* bekannt geworden, wo 1909 die Gebrüder ORVILLE und WILBUR WRIGHT das erste Motorflugzeug der Welt vorführten und ab 1923 der Aufbau des dt. Verkehrsluftwesens begann. Während der Berlinblockade 1948/49 durch die Sowjetunion hatte T. die Hauptlast der »Luftbrücke« zu tragen, durch die die westl. Alliierten in rund 250 000 Flügen von 380 Flugzeugen 2 324 257 t Güter nach Berlin brachten. 74 Flieger und Angehörige des Bo-

denpersonals fanden dabei den Tod. Auch an sie soll das Luftbrückendenkmal (die »Hungerharke«) von EDUARD LUDWIG 1951 erinnern.
- B.-TIEFWERDER (im Vwbz. 13597 Spandau) 1674 aufm Tiefwerder, 1721 der Tiefwerder: Spandauer Fischer vom Kietz wurden 1816 auf den Tiefwerder, »*die tief gelegene Insel*«, umgesiedelt.
- B.-TIERGARTEN (im Vwbz. 14057 Charlottenburg.) 1540 (FlurN) einen wiesenwachs ... der alte Thiergarten genantt, 1591 am alten Thiergarten, 1719 Der Thyrgarten: im 16. Jh. hatten die Kurfürsten hier Tiergehege, woher der Name *Tiergarten* stammt; die Umwandlung in einen Park begann im 18. Jh., KNOBELSDORFF hatte daran entscheidenden Anteil; 1861 wurde Moabit mit dem südl. Teil des Tiergartens in Berlin eingemeindet; 1920 wurde dann der Vwbz. *Tiergarten* gebildet.

Vor ca. 6 000 Jahren haben mittelsteinzeitl. Jäger und Fischer, vor ca. 3 000 Jahren bronzezeitl. Siedler hier Sdlgen unterhalten. Im 1. bis 3. Jh. pCn war hier eine semnonische Wohnsdlg.

Der *Tiergarten* entstand als umzäunter, mit Tieren besetzter Hegegarten vor den Toren der Stadt in Anlehnung an ein älteres kurfürstl. Tiergehege des 16. Jh.s König FRIEDRICH WILHELM I. ließ in seiner »Sparsamkeit« den Garten bis zum Brandenburger Tor abholzen, um Platz für die Dorotheenstadt zu gewinnen. König FRIEDRICH II. beauftragte G. W. VON KNOBELSDORFF, neue Anlagen zu schaffen, was LENNÉ 1833/40 fortführte: beide gaben dem Tiergarten das Gesicht, das der II. Weltkrieg zerstörte. Eines der wenigen erhaltenen Gebäude ist die *St. Matthäuskirche*, die als »Diplomatenkirche« besondere Bedeutung hatte, vom Volksmund aber respektlos »Polkakirche« genannt und unter diesem Namen von GOTTFRIED KELLER bedichtet wurde.

Als erster großer Neubau entstand hier 1960/63 als Mittelpunkt eines Kulturzentrums die Philharmonie, zu der die *Nationalgalerie* und die *Staatsbibliothek* traten.

Kernstück des Verwaltungsbezirks ist *Moabit* (→ dort), dessen Bebauung seit A des 18. Jh.s begann. Die ersten Siedler waren frz. Hugenotten, die in der Gegend des heutigen *Schlosses Bellevue* angesiedelt wurden und das Sumpfland nach dem Alten Testament »Terre des Moabites« nannten: Land der Leute des MOAB. Sie wurden von FRIEDRICH II. beauftragt, Maulbeerbäume zu züchten und eine Seidenraupenzucht zu betreiben. Als das Experiment fehlschlug, verlegten sie sich auf den Gemüsebau. Es entstanden Restaurationsbetriebe, so die »Zelten«, die dem II. Weltkrieg zum Opfer fielen. Heute steht an gleicher Stelle die *Kongreßhalle*, ein kultureller wie polit. Anziehungspunkt.

Moabit wurde ein Arbeiterviertel und kam mit den *Borsig*-Werken zu Weltruf. Noch heute weist M. die größte Industriekonzentration der Berliner Innenstadt auf: Telefunken (Röhren- und Anlagenwerk), AEG-Turbinenfabrik, Deutsche Vergaser-Gesellschaft (mit den SOLEX-Vergasern), ADREMA (Adressiermaschinen), die Werkzeugmaschinenfabrik *Ludwig Loewe & Sohn*.

In M. befindet sich auch der 1884/94 von PAUL WALLOT erbaute Reichstag, in dem die parlamentarische Vertretung des dt. Volkes bis 1933 tagte und wieder seit der dt. Wiedervereinigung 1990 tagt. Nach dem Brand des Reichstags zog das Parlament in die *Krolloper* (1842/44 »Krolls Etablissement«, seit 1898 Opernhaus) um. In ihr verkündete HITLER offiziell den Beginn des II. Weltkriegs.

In der Nähe befindet sich der um 1924 entstandene Baublock des *Bendler-Block*s, seit 1938 Sitz des Oberkommandos der Wehrmacht, 1944 Ort der Auslösung wie der Niederschlagung des Aufstands gegen HITLER, den der Kern der Aufrührer im Bereich des Oberbefehlshabers des Ersatzheeres trug.

1785/86 entstand das *Schloß Bellevue*, ein Bau im Übergang von Barock zum Klassizismus, nach den Zerstörungen des II. Weltkriegs 1954/59 wieder hergestellt und seither Amtssitz des Bundespräsidenten in Berlin.

– **B.-TREPTOW** 12435 (Vwbz.) 1568 Der Trebow, Trepkow, 1576 auf dem Trepkow, 1589 Trepkow, 1608 Vom Trebikow, 1653 auffm Trepkow, 1681 Ohnweit Strahlo lieget ein Wasser, die Treptau genannt, 1705 wegen des Treptows, 1707 den Trepkow, 1771 des Vorwerks Treptow, das Rathäusliche Vorwerk Trepkow, 1831 Treptow, 1861 Treptow, Kolonie: der ON dürfte wie auch der der poln Stadt *Trzebiatów* bei Stettin vom pontischen StadtN *Trapezunt* abgeleitet worden sein, als slaw. oder balt. Siedler aus Kleinasien unter byzant. Herrschaft in den N zogen und den ON ihrer Ethno- bzw. Linguagenese mitbrachten. Reste eines slaw. Burgwalls wurden um 1900 abgebaggert. (Kunst 26)

Die erste Kolonie wurde 1779 angelegt, 1876 wurde der Gutsbezirk aufgelöst und in einen Gemeindebezirk verwandelt, 1920 mit Berlin vereinigt.

Bis zum 19. Jh. erstreckte sich vor dem Schlesischen Tor die *Cöllnische Heide*, seit 1261 bzw. 1435 im Besitz von Cölln und Berlin. Durch die Heide führte der Weg nach Köpenick, der lange als unsicher galt. Seit 1568 ist eine Fischerei in der Heide, der *Trepkow*, nachweisbar. Aus ihr entstand ein Vorwerk im Besitz von Berlin. Seit dem 18. Jh. begann T. eine Rolle als Ausflugsort zu spielen. Auf dem Vorwerk entstand eine Gastwirtschaft, doch auch die Kolonisten bewirteten die Ausflügler. Als der Gastwirt ihnen aus Konkurrenzgründen den Ausschank von Kaffee untersagen ließ, boten sie nur mehr heißes Wasser an und inserierten: »Hier können Familien Kaffee kochen.«

Nach 1829 wurde die Cöllnische Heide größtenteils abgeholzt, das Land in Parzellen verpachtet. 1896 wurde in Treptower Park die Berliner Gewerbeausstellung veranstaltet die dem Ort erhebliche Verbesserungen des Verkehrswesens brachte. Bis 1874 war T. Gutsbezirk, 1876 wurde es Gemeinde. In ihr siedelten sich zahlreiche Betriebe der Metall-, Holz- und chemischen Industrie an; doch begann die Industrialisierung eigentlich schon mit den 1752 angelegten Lohmühlen.

- **B.-WANNSEE** 14109 (im Vwbz. Zehlendorf) das ehem. Dorf *Stolpe* wurde 1898 in *Wannsee* umgetauft; bereits 1797 hatte man am Wannsee eine Ziegelei angelegt, die »Ziegelei am Wannsee« hieß; vor 1825 wurde ein Forsthaus errichtet. Der namengebende *Wannsee* ist belegt 1382 Stagna, quod vnum dicitur Wansa ..., 1591 auf dem Wanse, 1775 in den Wansee, 1783 Wanse See, wohl aus aplb. *$V'\c{q}z$ zu urslaw. *$v'\c{e}z$ = Ulme, Rüster, als GewN = See bei den Ulmen, als ON = Sdlg beim Ulmensee. Der ON ist vermutlich identisch mit dem der Wüstung 1429 zu der *Wanse* bei Lenzen.

Die *Slavica Stolpe*, ein urspr. slawisches Fischerdorf am Ufer des nach ihm benannten *Stölpchensees*, wurde 1299 von den askan. Markgrafen zusammen mit der Stadt Teltow und 6 weiteren Dörfern dem Bischof von Brandenburg übermacht. 1375 war es ein kleines Dorf nach dt. Recht.

1863 gründete ein Berliner Bankier eine Villenkolonie für das Berliner Großbürgertum, die er in Erinnerung an die Waffentat von 1864 *Alsen* nannte. 1898 wurden *Alsen*, die 2. Villenkolonie auf dem Gelände des Gutes *Düppel* und das Dorf *Stölpchensee* zum Amtsbezirk Wannsee vereinigt, der 1920 in Zehlendorf bzw. in Berlin aufging.

Am 1906 vollendeten Teltow-Kanal liegt *Kohlhasenbrück*, das seinen Ruhm der Dichtung »Michael Kohlhaas« von Heinrich von Kleist verdankt, der sich in der Nähe erschoß und beerdigt wurde. Prinz Friedrich Leopold, der Gutsherr, schenkte die Stätte »dem deutschen Volk«.

Klein-Glienicke (aus slaw. *glinki* = Lehmfelder) war 1375 bereits eines der kleinsten Dörfer im Teltow. Die Herren von Schlabrendorff kauften im 16. Jh. die Bauern aus und richteten ein reines Rittergut ein. 1814 erwarb es Staatskanzler Fürst Hardenberg und ließ auf Anregung seines Schwiegersohns Fürst Pückler von Joseph Peter Lenné prächtige Parkanlagen im engl. Stil schaffen. 1824 kaufte Prinz Carl von Preußen das Gut auf und ließ von Schinkel das breit gelagerte, trotzdem aber anmutig gegliederte *Lustschloß* errichten, das zusammen mit weiteren Schinkel-Bauten, die weit im Park verstreut liegen, geradezu ein »fürstliches Freilichtmuseum« bilden. 1934/39 kaufte die Stadt den gesamten Komplex.

1685 übereignete der Große Kurfürst den »canienen- oder vormahls sog. Pauenwerder«, der nach den von ihm dort gezogenen Tieren benannt wurde, die *Pfaueninsel* also, dem Alchimisten Johann Kunkel zur Herstellung von Kristall- und kostbarem Rubinglas. Ab 1822 ließ der König die ganze Insel nach dem Vorbild des Pariser »Jardin des Plantes« durch Lenné in einen »englischen Park« mit zahlreichen Tierhäusern verwandeln. Die Insel entwickelte sich zu einem regelrechten botanischen und zoologischen Garten, dessen Menagerie den Grundstock zum Berliner Zoo bildete.

- B.-WARTENBERG (im Vwbz. 13059 Weißensee) 1270 Bernhardus de Warden berge, 1375 Warzenberg, 1527 Wartenberg, 1624 Wartenberg: aus mnd. *warde* = Wache, Hut, Lauer, Spähpunkt + *berch*, also etwa = Sdlg beim Berg der Wache (ein typischer Burg- und KolonisationsN).
- B.-WEDDING 13349 (Vwbz.) 1251 in terminis ville, que Weddinge vocabatur, 1289 Wedinge, 1326 in Weddinge, 1541 vom Wedding, 1786 Der Wedding, Vorwerk und Schäferei, 1861 Wedding, Colonie: das ma Dorf war 1251 wohl schon wüst, danach war hier ein Hof, im 17. Jh. ein Vorwerk, 1861 nach Berlin eingemeindet; wohl ein ÜN, vielleicht nach dem Ritter Rudolf von Wedding im Dienst des Bischofs Norbert von Brandenburg

(1194 Rodolphus de Wedinge) benannt, »dessen Geschlecht nach dem Dorf *Weddingen* bei Magdeburg geheißen war«. Der ON aus dem PN *Wado* + *ingen*, also etwa = Sdlg der Leute des Wado.

A des 13. Jh.s gegründet, um 1251 bereits wieder eingegangen, nur der Name blieb an der Feldmark hängen. 1601 wurde ein neuer Gutshof angelegt. 1817 erwarb Berlin die Erbpachtdomäne und teilte 1827 das Land auf. FRIEDRICH I. soll anläßlich einer Jagd die Quelle »Gesundbrunnen« entdeckt haben. E des 18. Jh.s kamen Schweizer, Ansbach-Bayreuther, böhm. und sächs. Kolonisten; A des 19. Jh.s wurde auf Betreiben von ALEXANDER und WILHELM VON HUMBOLDT eine »Kunststraße« (Chaussee) angelegt. Seitdem entwickelte sich hier eine ländliche Sdlg, die 1821 eine Schule, 1828 einen Friedhof, 1935 eine Kirche erhielt. 1861 wurde W. mit Gesundbrunnen und seiner Kolonie eingemeindet. Durch Zuzug von Arbeitskräften bekam W. den typischen Charakter eines Industriebezirks mit zahlreichem Proletariat.

Die Verlegung des Massenverkehrs unter die Straße führte zur Schaffung einer Versuchsstrecke von AEG; der Tunnel dieser *ersten europ. U-Bahn* besteht noch heute. Der Bau der *Swinemünder Brücke* kostete erstmals über 1 Million, daher »Millionenbrücke«.

W. wurde 1920 der 3. Bezirk Berlins aus Wedding, Gesundbrunnen, dem n Vogtland und dem ö Plötzensee. Die neue Bezirksverwaltung schuf aus der ungeordneten Großstadtrandlandschaft ein eigenständiges Kommunalgebilde von Musterkarakter (vor allem in Sachen der Architektur).

Nach 1945 entstand längs der Panke eine Promenade; alte Wohnviertel wurden durch Grünflächen und vereinzelte Hochhäuser aufgelockert. Der Wedding gehört heute neben Neukölln, Kreuzberg, Charlottenburg und Prenzlauer Berg zu den klassischen Großstadtquartieren.

- B.-WEIßENSEE 13088 (Stbz.) 1242 Conradus de Widense, 1313 in Wittenze, 1375 Wittensee, 1449 czu wissensehe, 1581 dem dorff Wittensee, 1624 Wittenseh, 1775 Weissensee: 1920 von Berlin eingemeindet; aus mnd. *wit* = weiß + *se* = Binnensee, also etwa = Sdlg beim weißen (hellen) See (dem in der Sonne leuchtenden *Weißen See*).

Das Dorf wurde um 1220 gegründet. Nach immer größerer Zersplitterung des Besitzes vereinigte 1745 der Niederbarnimer Landrat VON NÜSSLER alle Anteile in seiner Hand und schuf ein Rittergut.

1859 ließ der Landesökonomierat Dr. LÜDERSDORF als Besitzer des Gutes am Weißen See Park und Landhaus anlegen. Aus dem Schloß wurde 1874 ein Restaurant, dessen erster Besitzer RUDOLF STERNECKER durch Lustbarkeiten mit »Feuerwerk bei Sternecker« berühmt wurde. 1954 wurde auf dem vormals einer Trabrennbahn dienenden Gelände eine Radrennbahn angelegt.

1905 waren die Gemeinden Weißensee und Neu-Weißensee zu einer Landgemeinde Weißensee vereinigt worden, die 1920 dem Verwaltungsbezirk 18 den Namen gab.

Der 2. Sdlgskern des Bezirks ist *Hohenschönhausen*, 1375 aufgeführt, seit dem 15. Jh. als Rittergut nachweisbar. Im 19. Jh. wurde auf seiner Flur die Sdlg Neu-Hohenschönhausen angelegt. 1911 wurden Gut und Landgemeinde als Berlin-Hohenschönhausen vereinigt.

1344 wird erstmals das *Dorf Malchow* erwähnt, das A des 13. Jh.s gegründet worden sein dürfte.

- B.-WENDENSCHLOß (im Stbz. 12559 Köpenick) 1891 Wendenschloß, Restaurant, 1903 Villenkolonie Wendenschloß: E der 80er Jahre des 19. Jh.s wurde in Erinnerung an die slaw. Vergangenheit der Gegend das Restaurant *Wendenschloß* errichtet, der N wurde auf die in der Nähe entstehende Villenkolonie übertragen.
- B.-WESTEND 14050 (im Vwbz. Charlottenburg) 1876 auf Westend, 1897 Westend, Kolonie: 1866 hatte sich die Kommandit-Gesellschaft *Westend* konstituiert und begann mit dem Bau der danach benannten Villenkolonie.
- B.-WILHELMINENHOF (im Vwbz..12555 Köpenick) 1703 Quappenkrug, 1805 Quappenkrug, Meierei und Krug, 1814 Wilhelminenhof: der *Quappenkrug* wurde 1674 errichtet und nach seinem Besitzer QUAPPE benannt; der neue Besitzer Oberfinanzrat REINBECK gab dem zum Forst- und Landgut umgebauten Krug 1814 den Namen seiner Gattin WILHELMINE, also *Wilhelminenhof*.
- B.-WILHELMSBERG (im Vwbz. 10376 Lichtenberg) 1878 »erhielt ein zur Feldmark der Gemeinde Lichtenberg ... bebautes Terrain den Namen *Wilhelmsberg*« (ob zu Ehren von Kaiser WILHELM I. ist unbekannt).
- B.-WILMERSDORF 14199 (Vwbz.) 1293 zu Willmerstorff, 1317 in villa Willemstorpe, 1323 in villa Wilmestorp, 1375 Wilhelmstorff, 1450 Willmerstorff, 1541 Wilmerstorff, 1775 Willmers-

dorff: wohl aus dem PN *Wilmar* + *dorp*, also = Dorf des Wilmar (in den PN hat sich schon früh »Wilhelm« eingemischt). Der Ort hieß im 19. Jh. auch *Deutsch W.* zur Unterscheidung von *Wendisch W.* (das 1937 in *Märkisch W.* umbenannt wurde) und erhielt 1907 das Stadtrecht, 1920 die Eingemeindung nach Berlin.

W. wurde 1193 erstmals erwähnt und ist ein typisches *Angerdorf*. 1375 tritt die Familie VON WILMERSDORF, eine der ältesten der Mark, erstmals als Besitzer auf mit den Brüdern »von Wilmestorff«. M des 17. Jh.s war der Landesherr im Besitz des Dorfes, das 1906 Stadtrecht erhielt und schon 1910 über 100 000 Einwohner zählte und also als Großstadt galt. 1920 wurde der Stadtkreis W. mit dem Gutsbezirk Grunewald-Forst zum Bezirk W. zusammengeschlossen und nach Berlin eingemeindet.

- B.-WITTENAU 13437 (im Vwbz. Reinickendorf) 1322 zu Daldorff, 1375 Doldorff, 1450 Daldorff, 1527 Daldorp, 1624 Dalldorff, 1805 Dalldorf, 1905 Wittenau: der ON *Dalldorf* wird wohl ein ÜN sein, vermutlich aus D-39397 DALLDORF bei Oschersleben (964 Daldorp); aus mnd. *dal* = Tal + *dorp*, also = Dorf im Tal, Taldorf; *Wittenau* ist eine Neubildung aus mnd. *wit* = weiß, hell + *aue*, also etwa = Sdlg in der hellen Aue.

Das große linsenförmige *Angerdorf* wurde wohl um 1237 gegründet und dem Spandauer Benediktinerinnenkloster nach dessen Gründung 1239 überlassen. Nach der Säkularisierung 1558 kam das Dorf an das Amt Spandau, 1658 an das Amt Oranienburg, 1731 an das Amt Nieder-Schönhausen, im 19. Jh. an das Amt Mühlenhof. 1652 waren infolge von Pest und Krieg 5 von 9 Bauernhöfen, 5 von 8 Kossätenstellen noch wüst.

- B.-WITZLEBEN (im Vwbz. 13597 Charlottenburg) 1823 hatte der preußische Kriegsminister JOB VON WITZLEBEN vom Charlottenburger Magistrat eine Besitzung am Lietzensee in Erbpacht genommen, die nach seinem Tode 1840 nach ihm benannt wurde.

- B.-ZEHLENDORF 14165 (Vwbz.) 1241 villa Cedelendorp, 1370 Cedlendorff, 1450 Celendorff, 1541 Zcelendorp, 1591 Zehlendorff, 1775 Zehlendorf: wurde 1920 mit Berlin vereinigt; MischN aus dem aplb. PN *Sedla* + *dorp*, also = Dorf des Sedla.

Das wohl von dt. und slaw. Siedlern um A des 13. Jh.s gegründete »Cedelendorp« wurde 1242 vom Markgrafen mit dem schon früzeitig wüst gewordenen Dorf *Slatdorf*, dem See *Slatse* (= Schlachtensee) und dem See *Tusen* (= Niklaussee?) an das Kloster Lehnin verkauft; im Zuge der Säkularisierung von Lehnin (1542) kehrte das Dorf aber wieder in landesherrl. Besitz zurück.

Bereits 1894 wurde das *Dorf Schönow* mit Z. vereinigt. Etwa A des 13. Jh.s von dt. Siedlern gegründet, dem Markgrafen gehörig, seit 1299 im Besitz des Bischofs von Brandenburg, allmählich vom Landesherrn zurückerworben. 1717 erwarb es der erste Landrat des Kreises Teltow CUNO HANS VON WILMERSDORF. Nach dem Aussterben derer v. W. wechselte es häufig den Besitzer, bis es mit Z. vereinigt wurde.

Die Markgrafen und späteren Kurfürsten von Brandenburg, die nachmaligen Könige in bzw. von Preußen, und deutschen Kaiser

Nach 560 waren Slawen eingesickert. Ab
789 kämpften die slaw. Liutizen gegen KARL DEN GROSSEN.
937–965 eroberte GERO, Markgraf der Elbmark, das Land bis zur Oder.
983 erkämpften sich die Liutizen erneut ihre Unabhängigkeit.
1134 gab König LOTHAR III. die Nordmark dem Askanier ALBRECHT I., dem »Bären«, der als Herr der Altmark den Titel »Markgraf« trug.
1150 besetzte er die Brandenburg; ab
1157 nannte er sich »Markgraf von Brandenburg« und begründete damit ein neues Territorium und Reichsfürstentum, dessen Inhaber
1177 erstmals als »Reichserzkämmerer« bezeugt ist.
Die Landesherren förderten in der Folge die Ansiedlung von Zuwanderern, vor allem vom Niederrhein, aber auch Holländer und Flamen.
1320 starben die ASKANIER aus; König LUDWIG DER BAIER gab Brandenburg als »erledigtes Reichslehen« seinem Sohn LUDWIG DEM ÄLTEREN (1323–1351), der sich im Land aber ebensowenig wie seine wittelsbachischen Nachfolger durchsetzen konnte.
1373 kaufte Kaiser KARL IV. Brandenburg, das er bereits in der »Goldenen Bulle« von 1356 zu den 7 Kurfürsten des Reiches gerechnet hatte. Nach seinem Tod
1378 verfiel die Autorität des Markgrafen; gegen die Unsicherheit bildeten die Städte Landfriedensbünde; die landesfürstliche Macht wurde aber durch die Landstände (l. Landtag 1345) eingeschränkt.
1415 verbriefte König SIGISMUND dem Nürnberger Burggrafen FRIEDRICH VI. VON HOHENZOLLERN Mark und Kurwürde Brandenburgs als FRIEDRICH I. (1371–1440).

1440–1470	Markgraf FRIEDRICH II. »DER EISERNE« macht Berlin bzw. Cölln zu seiner Residenz.
1470–1486	ALBRECHT III. ACHILLES (geb. 1414) legt 1473 mit seinem Hausgesetz das Fundament für die dauerhafte territoriale Einheit der Mark und für die Trennung von den fränk. Besitzungen der HOHENZOLLERN.
1479	wird Pommern ihm lehensabhängig.
1485–1499	regiert Markgraf JOHANN CICERO (geb. 1455) als erster stets in der Mark
1499–1535	JOACHIM I. NESTOR (geb. 1484)

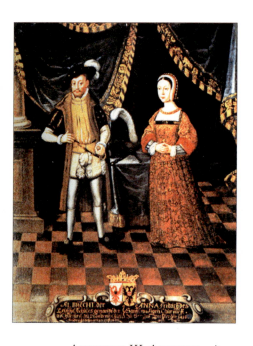

ALBRECHT III. ACHILLES *mit seiner 2. Gemahlin*, ANNA VON SACHSEN *(1436–1512)*

JOHANN CICERO *mit seiner Gemahlin* MARGARETE, *Herzogin von Sachsen (1449–1501)*

JOACHIM I. HEKTOR

der turnierfähige Feldküraß des Kurfürsten JOACHIM FRIEDRICH

1535–1571 1539	JOACHIM II. HEKTOR (geb. 1505) vollzieht mit seiner Kirchenordnung den entscheidenden Schritt zur Übernahme der Reformation.
1571–1598	JOHANN GEORG (geb. 1525)
1598–1608	JOACHIM FRIEDRICH (geb. 1546)
1608–1619	JOHANN SIGISMUND (geb. 1572) erhält im Erbgang Kleve, Mark, Ravensberg, und übernimmt
1618	das Herzogtum Preußen als polnisches Lehen.
1619–1640	GEORG WILHELM schließt sich im 30jähr. Krieg zuerst dem Kaiser FERDINAND II. an, dann 1631 dem König GUSTAV II. ADOLF von Schweden, und nach dem Prager Frieden 1635 erneut dem Kaiser und Kursachsen. In der Folge dieses Schwankens leidet die Mark unsäglich unter beiden Seiten.
1640–1688 1648	FRIEDRICH WILHELM, der »Große Kurfürst«, erhält im Frieden zu Osnabrück Hinterpommern, und die Bistümer Halberstadt, Cammin, Minden, sowie die Anwartschaft auf das Erzbistum Magdeburg, das ihm dann
1680	auch zufällt. Mit Hilfe des 1651 eingerichteten Geheimen Rates als oberstem Regierungsorgan mit 19 Ressorts wurde eine gemeinsame Verwaltung aller brandenburgischen Besitzungen geschaffen und ab 1644 ein stehendes Heer aufgebaut.
1668/69	läßt er den »Großen Graben« ausheben, den heutigen Friedrich-Wilhelm-Kanal, durch den er die Stromsysteme von Elbe und Oder verbindet, die Verkehrssituation in Brandenburg grundlegend verbessert, und dem Handel kräftigen Auftrieb verleiht.

JOHANN GEORG *mit seiner 2. Gemahling* SABINA, *Markgräfin* VON BAYREUTH

1660	erlangt er zusätzlich die Souveränität über das Herzogtum Preußen.
1688–1703	FRIEDRICH III., Kurfürst von Brandenburg, wird nach den seit 1685 zugelassenen französischen Hugenotten auch andere Glaubensflüchtlinge (etwa aus der Schweiz und der Pfalz usw.) aufnehmen.
1701	wird er als FRIEDRICH I. mit Zustimmung des Kaisers Leopold I. zum *König in Preußen* gekrönt.
1713–1740 1713	FRIEDRICH WILHELM I. proklamiert sich in Königsberg zum *König von Preußen*.

1740–1786   König F%RIEDRICH II. von Preußen, »der Große«, der Alte Fritz, als Kronprinz

der König

nach der Totenmaske

1786–1797   Friedrich Wilhelm II.
1797–1840   Friedrich Wilhelm III.
1840–1861   Friedrich Wilhelm IV.

Friedrich Wilhelm IV. *in seinem Arbeitszimmer im Obergeschoß der Erasmuskapelle im Berliner Schloß, Gemälde von 1846*

1861–1871 WILHELM I., der »Große«, König von Preußen, ab
1871–1888 als Kaiser WILHELM I., in Versailles von BISMARCK
dazu ausgerufen, Kaiser des Deutschen Reichs.

1888   Kaiser FRIEDRICH

1888–1918 Kaiser WILHELM II.

*Das Kurfürstentum Brandenburg, mehr noch aber das Kö-
nigreich Preußen waren die große Leistung des Hauses
Hohenzollern.*

*Die 5armige Straßenlaterne nach Schinkel auf dem Gen-
darmenmark*

Das Komma von SANS, SOUCI.

Ein Forschungsbericht mit Fußnoten[1]

Unter diesem Titel veröffentlichte 2001 im Manutius-Verlag (Heidelberg) Prof. Dr. H. D. Kittsteiner seinen Bericht über eines der aufregendsten aber unbekanntesten Themen der Forschungen in die tiefsten Seelengeheimnisse des Preußenkönigs Friedrich II. »des Großen«, des »Alten Fritz«. Zu diesem Thema wurde bereits ungemein viel veröffentlicht, und doch steht zu Recht in Fußnote [251]: »Das Komma im Motto über Friedrichs Potsdamer Sommerschloss ›SANS, SOUCI‹ (Ohne Sorge) konnte bisher noch niemand erklären.« (Helmut Caspar: ›Sprit is ooch Nahrung‹, Was Inschriften an Kirchen und öffentlichen Gebäuden in Berlin und Brandenburg verraten, in: Brandenburger Blätter. Beilage zur Märkischen Oderzeitung, Nr. 155 vom 16. 2. 2001, S. 16).

Allein daraus ist zu erkennen, daß der Professor ein wahrer Intellektueller ist, der ohne Scheu die ungewöhnlichsten Wege geht, um den scheinbar absonderlichsten Fragen auf den Grund zu kommen. Und der die Ergebnisse seiner Forschungen (die ihn in ungebrochnem Fleiß durch Gebirge früherer Bücher und eigenartigster Verknüpfungen führen) mit klarer Stimme, aber sanftem Augenzwinkern ohne Angst vor der Schelte seiner »ernsthaften« Kollegen vorträgt. Das Buch ist 91 Seiten stark, die ab S. 65 insgesamt (wie gezeigt) 251 Fußnoten aufweist. Nicht ohne Grund.

Das Thema des Buches ist die Inschrift SANS, SOUCI. über dem Portal des Potsdamer Lustschlosses gleichen Namens *Sanssouci*, also »Ohne Sorge«. Aber was haben dann das Komma in, der Punkt hinter dem Namen zu tun? Bedeutet der Name vielleicht doch etwas ganz anderes? Kittsteiner geht dem in den 9 Kapiteln seines Untersuchungsberichts mit singulärer Aufmerksamkeit und ungewöhnlicher Erudition auf 64 Textseiten in 9 Kapiteln und (wie bereits erwähnt) 251 Fußnoten nach. Und vermerkt auf S. 4 ausdrücklich: »Gedruckt ohne Unterstützung der Deutschen Forschungsgemeinschaft.« Hätte

---

[1] »Allein dank der Fußnoten ist es Historikern möglich, ihre Texte nicht zu Monologen, sondern zu Gesprächen zu machen, an denen moderne Wissenschaftler, ihre Vorgänger und ihre Gegenstände allesamt teilnehmen.« Anthony Grafton: Die tragischen Ursprünge der deutschen Fußnote, Berlin 1995, S. 227.

er auf diese Unterstützung gewartet: wahrlich – das schöne Buch einer hervorragenden Leistung auf dem Gebiet wahrer Wissenschaft wäre wohl nie erschienen. Und dem Publikum wären reichste Funde auf dem Weg in des Alten Fritzen Seelenleben verborgen geblieben.

KITTSTEINER begründet S. 11 sein Tun wie folgt: »... doch jedesmal, wenn ich wieder oben auf der Terrasse stand, stand ich auch vor diesem Komma und jenem Punkt. Und es gab Überlegungen, was wohl dahinter stecken möchte. Was liegt da näher, als der Herkunft des Namens SANS, SOUCI. nachzugehen?«

Zum Namen des Schlosses zitiert er S. 12 den Berliner Aufklärer und Buchhändler FRIEDRICH NICOLAI aus dessen 1788 erschienenen Erinnerungswerk an FRIEDRICH, der zur Zeit des Baubeginns mit D'ARGENS dort spazieren ging und ihm sagte: »Da Er den Entschluß gefaßt, auf diesem angenehmen Flecke sich einen Sommeraufenthalt zu bauen, so sey auch gleich seine Idee gewesen, Sein Grab daselbst einzurichten. Quand je serai là, sagte Er, indem Er auf die verborgene Gruft zeigte, je serai *sans souci*!«

Daraus sei zu erkenne, daß der König 1786 absichtlich am falschen Ort beigesetzt worden sei, und daß der Name des Schlosses etwas mit dem deistischen Glauben FRIEDRICHS zu tun haben könnte. Im übrigen sei der Name Sanssouci zunächst überhaupt nicht für das Potsdamer Schloß verwendet worden, sondern für Rheinsberg, wie er 1737 an General VON GRUMBKOW geschrieben habe: »Ich reise ab, um nach Rheinsberg zurückzukehren; das ist mein Sanssouci.«

Schon seit dem 15. Jh. seien in Paris die »Enfants Sanssouci« belegbar, die bei karnevalesken Verspottungen der kirchlichen Hierarchie die Rolle der »lustigen Personen« abgaben. Später wurden daraus Theatergesellschaften aber auch Narrenbruderschaften, die die Privilegien der »Enfants Sanssouci« einforderten. Privilegien für den »Herrn von Saufaus« und die »Gräfin von der durstigen Kehle«. Der Topos vom »Bruder Lustig« lebte auch im 18. Jh. fort. »Nous ferons un peu les enfants Sanssouci« – schreibt die Markgräfin WILHELMINE an ihren Bruder den Kronprinzen FRIEDRICH 1735.

Was aber die Komma-Forschung betreffe, so habe er die zunächst beiseite gelegt, bis er feststellte, daß der Berliner Gelehrte STUBENRAUCH 1744 in der »Académie Royale des Sciences et des Belles Lettres« einen Vortrag »Histoire abrégée de la cryptographie« gehalten habe (Fußnote [38]: Stubenrauch, in: Histoire de l'Académie Royale des Sciences et Belles-Lettres de Berlin, annee 1745 [Tome 1. der Mémoires de l'academie], S. 105 ff.) STUBENRAUCH habe dabei die Geschichte der Geheimschriften in eine Epoche vor und eine nach JOHANNES TRITHEMIUS (1462–1516) eingeteilt, zu Recht. Denn T. habe mit einem quadratischen Buchstabenteppich aus einem waagrechten und einem senkrechten Alphabet gearbeitet:

»Man sieht sogleich den Witz an der Sache: der zu verschlüsselnde Buchstabe taucht in der Codierung unter verschiedenen Buchstaben auf: Das ›A‹ in ›Paris‹ als ›O‹ – das ›A‹ in ›vaut‹ aber als ›U‹, weil es mit einem anderen Buchstaben des Codewortes zusammenfällt und in der Tabelle eine andere Stelle markiert. Nun muß ich einräumen, daß viele dieser Verfahren meinen Scharfsinn, aber auch meine Geduld bei weitem überforderten. Ich suchte doch auch nur nach einem Komma und einem Punkt und nach den Möglichkeiten, mit ihnen eine geheime Botschaft auszudrücken.«

Das habe ihn auf die Geheimnisse der »Geheimen Polizeischrift« gebracht, über die 1808 Freiherr VON ARETIN berichtet habe (Fußnote [56]: Freiherr v. Aretin: Systematische Anleitung zur Theorie und Praxis der Mnemonik, nebst den Grundlinien zur Geschichte und Kritik dieser Wissenschaft, Sulzbach 1808). ARETIN habe dabei auch die Möglichkeit bedacht, Kuriere im Krieg Nachrichten auswendig lernen zu machen: denn selbst wenn die gefangen würden, könnten sie doch nichts über den Sinn der Nachricht aussagen, den sie in der Codierung selbst ja nicht verstünden. In diesem Zusammenhang habe er auch an den Grafen VON VERGENNES erinnert, der als französischer Botschafter auch eine Geheimschrift eingeführt habe (Fußnote ⁵⁷: Wäre mir damals schon bekannt gewesen, was ich erst später wissen sollte, wäre mir schon bei dem Namen »Vergennes« der Wortwurzel »Verge« aufgefallen. Vgl. Anm. 125. So hängt in der Tat alles mit allem zusammen.)

KITTSTEINER schildert diese Geheimschrift sodann ausführlicher, in der z. B. auf Visitenkarten Geheimzeichen anzubringen waren, die bedeuteten »3) Reformiert, Comma; ... 5) Naturalist, ein Punkt«, wobei »Naturalist« für »Deist« stand. Wenn man den Schloßnamen SANS, SOUCI . so entschlüssele, gäbe das »SANS CALVINISME SOUCI NATURALISME« oder, auf Personen bezogen, »SANS CALVINISME SOUCI DEISTE«. Und wenn man nach dem Komma den Schloßnamen ganz wiederhole »SANS CALVINISME on est SANS SOUCI comme NATURALISTE«, bzw. auf den Vater bezogen »SANS le CALVINISTE on est SANS SOUCI comme DEISTE«.

Doch bestehe eben diese Leseregel der Namensverdopplung nicht. Darf man sie dennoch als möglich unterstellen und auf dieser unsicheren Grundlage weiterforschen? Wie soll man dieses methodische Problem auflösen?

Als nächstes befaßt er sich mit dem bekannten fragwürdigen Verhältnis zwischen Vater und Sohn. Dabei zitiert er einen berühmten Briefwechsel des Jahres 1728, in dem der Vater FRIEDRICH WILHELM seinem Sohn, dem nachmaligen »Alten Fritz«, auf dessen briefliche Bemerkung, er bitte den lieben Papa vor allem darum um Vergebung, »dass mein lieber Papa den grausamen Hass, den ich aus allem Seinen Thun genug habe wahrnehmen können, werden fahren lassen; ich könnte mich sonsten gar nicht darein schicken, da ich sonsten immer gedacht habe, einen gnädigen Vater zu haben und ich nun das Konträre sehen sollte«, die berühmte Antwort gibt:

»Sein eigensinniger, böser Kopf, der nicht seinen Vater liebet: denn wenn man nun Alles thut, absonderlich seinen Vater liebet, so thut man was er haben will, nicht wenn er dabei steht, sondern wenn er nicht Alles sieht. Zum Andern weiss er wohl, dass ich keinen effeminirten Kerl leiden kann, der keine menschliche [wohl verschrieben für »männliche«] Inclinationen hat, der sich schämt, nicht reiten noch schiessen kann, und dabei malpropre an seinem Leibe, seine Haare wie ein Narr sich frisiret und nicht verschneidet, und ich Alles dieses tausendmal reprimandiret, aber Alles umsonst, und keine Besserung in nichts ist. Zum Andern hoffärtig, recht bauernstolz ist, mit keinem Menschen spricht, als mit welchen [verschrieben für »Welschen«] und

nicht populär und affable ist, und mit dem Gesichte Grimassen macht, als wenn er ein Narr wäre, und in nichts meinen Willen thut, als mit der Force angehalten; nichts aus Liebe, und er Alles dazu nichts Lust hat, als seinem eigenen Kopf folgen, sonsten Alles nichts nütze ist.
   Dieses ist die Antwort. *Friedrich Wilhelm*«
   Dieses Bild, das der Vater zeichnet, läßt FRIEDRICH zur Zeit von Pubertät und Adoleszenz als eine Art *Punker* erscheinen.
   Dann kommt unter der Überschrift »Lust und Frust in Rheinsberg« als 7. Kapitel der Fragenkomplex, der sich mit den zahlreichen unterschiedlichen Theorieen um FRIEDRICHS Sexualität befaßt. Dazu zitiert er aus dem geheimen. Tagebuch des jüngeren SECKENDORFF nach WERNER HEGEMANN u. a.: »Der Kronprinz liebt die Kronprinzessin; er hat Schulenburg ihre Briefe gezeigt und gesagt: ›Sie hat doch gesunden Verstand‹. Er f ... und f ... sie. Schulenburg kann nur lachen, wenn es heißt, er werde sie nach dem Tode des Königs heimschicken (die Kronprinzessin scheint das zu jemand gesagt zu haben) und er werde dann ihre Schwester Amalie heiraten.« In die gleiche Richtung geht eine Bemerkung, die FRIEDRICH einem Vertrauten gegenüber geäußert habe; er erscheint in dem Geheimjournal als »Junior«. »Junior b ... seine Frau nachmittags, sagt, sie hat einen schönen Körper und einen schönen c ...« (Fußnote [102]: Hegemann, Jugendbuch, a. a. O., S. 397 ff. – »Le prince royal aime la princesse royale; a montré de ses letteres à Schulenburg, en disant: ›Elle a pourtant du bon sens‹. Il l'a f ... et ref ... Schulenburg ne fait que rire quand an dit, qu'il la renverra après la mort du roi.« Journal Secret du Baron de Seckendorff depuis 1734 jusqu'a la fin de l'année 1748, Tübingen 1811, S. 11. – Diese Bemerkungen finden sich im Tagebuch unter dem Oktober 1734. Falls sie sich nicht auf einen früheren Zeitpunkt beziehen, vertragen sie sich kaum mit den Ausführungen des Ritters v. Zimmermann. Denn nach dessen Aussagen müßte das Eheleben Friedrichs spätestens im Dezember 1733 eine erhebliche Einbuße erlitten haben. Aber ich greife vor.) Das »c ...« wird man als *cul* = Ärschgen verstehen dürfen.
   Das alles bestätigt andere Berichte, wonach der Kronprinz seine Ehe vergnügt und lebhaft begonnen, und mit seiner Frau keineswegs nur platonisch gelebt habe. Indeß: »Dieser glückliche Zustand änderte sich jedoch nach Verlauf eines halben Jahres. Der verstopfte Samenfluß brach mit großer Wuth und mancherley bösen Symptomen wieder hervor. Friedrich verfiel einer heftigen Krankheit, die man zu verbergen suchte, und deren Ursache man zumal verschwieg. Es sey,

sagte man nach Hofmanier, eine blosse Unpäßlichkeit. Aber diese Unpäßlichkeit ward so arg, und der kalte Brand war so nah, daß nichts in der Welt mehr dem kranken Friedrich das Leben zu retten vermochte und wirklich gerettet hat: als – ein grausamer Schnitt!« (Fußnote [113]: »Würde aber ein kalter Brand am männlichen Gliede verursacht, so ist kein ander Mittel, als daß der verdorbene Theil weggenommen werde, damit solches nicht weiter um sich fresse, und gar den Tod zuwege bringe. Die Wegnehmung des Verdorbenen geschiehet am besten, wenn man ein silbern oder bleyern Röhrlein in die Harn-Röhre stecket, welches aber länger seyn soll, als der verdorbene Theil, und hernach einen starcken Bindfaden unter dem Verdorbenen in dem Gesunden vest darum bindet, gleich als ob man ein Gewächs abbinden wolte, und hernach das Röhrlein gleichfalls wohl anbindet, damit es nicht könne ausfallen; durch welches verhindert wird, daß die Harn-Röhre nicht mit zusammen gebunden werde, sondern daß eine Oeffnung bleibe um den Urin zu lassen. Folgenden Tag kan, wo es vor nöthig erachtet wird, an eben dem Ort nochmals ein starcker Bindfaden umgeknüpfet werden, so wird her nach der verdorbene Theil innerhalb etlicher Tagen abfallen.« Es geht auch mit Messer, Brenneisen und blutstillenden Medikamenten – der Autor empfiehlt aber doch eher seine Bindfaden-Methode. D. Laurentius Heister: Chirurgie, In welcher Alles/was zur Wund=Artzney gehöret, Nach der neuesten und besten Art/gründlich abgehandelt/(...), Nürnberg 1724., S. 680 f. – Ich verdanke den Hinweis auf das Lehrbuch von Heister Herrn Prof. Dr. Rolf Winau vom Institut für Medizingeschichte der FU Berlin.)

KITTSTEINER fährt dann fort (S. 11f.): »Was hat die Betrachtung der Rheinsberger Zeit erbracht? Zum einen Friedrichs Neigung, den wieder aufbrechenden Haß des Vaters gegen ihn allegorisch zu verarbeiten, so daß er selbst sich als die aufgehende Sonne sieht, deren Strahlen – ganz in Aufklärungsrhetorik – die Nacht vertreiben. Auf dieser Linie werden wir weiterforschen. Zum anderen hat sich ein unerwarteter Nebenzweig an Deutung ergeben. SANS, – nicht berlinerisch als ›comme à‹, sondern nun wirklich auf Französisch gelesen, bedeutet ›Sans virgule‹. Virgule aber leitet sich aus dem Lateinischen ›virgula‹ ab. Die Wortwurzel ›vir‹ ist nicht zu übersehen und mein alter Stowasser gibt dafür *Zweig, Stäbchen, Wünschelrute* an, nicht ohne darauf hinzuweisen, daß es sich hier um einen Diminiutiv von ›virga‹ handelt. Unter ›virga‹ ist nun aber alles versammelt, was die

Mannsform hat: *Reis, Rute, Zweig, Pfropfreis, Stock, Stab, Zauberstab*.

Ich gebe zu, diese Deutung setzt einen grimmigen Humor voraus, andererseits ist Friedrichs Sarkasmus bekannt und wird von Seiten einer psychoanalytischen Betrachtung sogar als Verstärkung regressiver und analer Züge bei nicht normaler sexueller Befriedigung gedeutet. Und warum sollte er nicht, was ihn innerlich beschäftigte, insgeheim sichtbar machen – aber dann eben nur für sich selbst? SANS, SOUCI. (eine Bedeutung für den Punkt entfiele nun allerdings) ergäbe dann auf den ersten Blick den Sinn:

›OHNE STÄBCHEN SORGEN.‹

Da es sich hier aber nur um die Decodierung einer speziellen Schreibweise handelt, nicht um den ganzen Namen des Schlosses, dessen Bedeutungsspektrum ›Sanssouci‹ ja zugleich erhalten bleibt, könnte man den Namen nach der Art eines Rebus lesen: ›SANS, SOUCI‹, d. h. erst den ganzen Namen des Schlosses, dann aber mit der Einschränkung ›sans virgule‹. Das ergibt:

›SORGENFREI OHNE RÜTCHEN‹.

Liest man diese Devise metonymisch, d. h. setzt man das Teil für das Ganze; so wird die Sache immer unverfänglicher und Friedrich-gemäßer: ›Sorgenfrei ohne Ehe‹.

Denn zieht man noch einmal die Bemerkungen Friedrichs vor seiner Ehe zu Rate, zum Beispiel seine Äußerungen zu Friedrich Wilhelm v. Grumbkow, so zeigt sich ein durch und durch eheunwilliger Kandidat: ›Zum weiblichen Geschlecht fühle ich in mir zu wenig Beständigkeit und zu wenig Zuneigung, als daß ich mir vorstellen könnte, sie würden sich in der Ehe bei mir einfinden. Der bloße Gedanke an eine (Ehe-)Frau ist mir eine so verhaßte Sache, daß ich nicht ohne Abneigung daran denken kann. Ich würde trotzdem alles aus Gehorsam tun, aber niemals in friedfertiger Ehe leben.‹ Und genau dafür gäbe ihm sein kleiner Unfall einen zureichenden Grund.«

»Auf diese Weise bekäme die Inschrift SANS, SOUCI. einen Sinn, den ich im ersten Anlauf zur Komma-Forschung gar nicht ins Auge gefaßt hatte. Aber wie hätte ich auch darauf kommen können? Nur eine Betrachtung im Stile des Kollegen Pangloß hilft da weiter: Denn wäre ich nicht über das Komma erstaunt gewesen und hätte ein Wissen darüber erwerben wollen, so wäre ich nicht auf Umwegen an die

Geheime Polizeyschrift geraten, und hätte ich nicht deren Auflösung der Satzzeichen in die vier wichtigsten Konfessionen gefunden, so hätte ich nicht den Vater-Sohn-Konflikt zur Hand genommen. Und hätte ich dazu nicht das Buch von Hegemann gelesen, so wäre mir der Bericht des J. G. Zimmermann nicht schon ein Begriff gewesen, als ich den Aufsatz jenes amerikanischen Psychoanalytikers las. So hängt alles miteinander zusammen und bildet die prästabilierten Wege der Erkenntnis. Doch was sagt Candide zu Pangloß? ›Wir müssen unseren Garten bestellen.‹ So wollen auch wir nun unsere Ab- und Ausschweifung beenden und zu unserer ersten Auslegung zurückkehren: ›Ohne den Calvinisten ist man sans souci als Deist.‹ (Fußnote 135: »Manchmal sagte Pangloß zu Candide: ›In dieser besten aller Welten sind alle Geschehnisse eng miteinander verknüpft. Denn wären Sie nicht wegen Ihrer Liebe zu Fräulein Kunigunde mit wuchtigen Fußtritten in den Hintern aus einem schönen Schloß verjagt worden und nicht in die Hände der Inquisition geraten, hätten Sie nicht Amerika zu Fuß durchwandert, dem Baron einen tüchtigen Degenstich versetzt und nicht alle Ihre Hammel aus dem schönen Lande Eldorado verloren – dann würden Sie jetzt nicht hier kandierte Zedratfrüchte und Pistazien essen.‹ ›Sehr richtig‹, gab Candide zu, ›aber wir müssen unseren Garten bestellen‹.« Voltaire, Candide, S. 268).

Viele Tatsachen aus dem Leben von FRIEDRICH DEM GROßEN sind der Nachwelt durch die Korrespondenzen des Kronprinzen zunächst und dann seit 1740 des Königs mit seinem Kammerdiener bzw. Geheimem Kammerdiener MICHAEL GABRIEL FREDERSDORF bekannt. »le grand factotum du roi Frédéric« (so Voltaire) und sein König korrespondierten in drolligstem Deutsch miteinander und unterrichteten sich gegenseitig über all ihre Geschäfte. So etwa 1753 der König: »nim Dihr wohl in acht! nun Sihestu Selber, daß Deine zufälle nichts als größten-theils von denen Hemeroiden Komen. das lässet sich so wenig zwingen in 8 tage Cuhriren, als wie golt zu machen. gedult und tzeit werden Dihr curihren, Charlatans und goldtmachers umbs leben bringen! gott bewahre Dihr!« Der Briefwechsel zeigt nach KITTSTEINER nicht nur den allerschönsten Berliner Dativ, sondern, neben der Warnung vor leichtgläubigem Vertrauen auf die Kunst des Goldmachens, auch die Warnung vor ärztlichen Scharlatanen.

Kapitel 8 behandelt ab S. 47 ausführlich das schaurige Thema »Katte oder die Religion«. KATTE, der Freund des Kronprinzen, war angeklagt, mit dem Kronprinzen desertieren zu wollen, und wurde zum Schluß vom König zum Tode vor den Augen des Kronprinzen verurteilt. KITTSTEINER u. a.:

»In der Kabinettsordre Friedrich Wilhelms I. an das Kriegsgericht, gegeben am 1. November 1730 zu Wusterhausen, fällt ein entscheidender Satz, der die Hinrichtung begründet. Leutnant Katte war nicht nur ein einfacher Offizier in der Armee, sondern er war bei ›der Guarde Gens d'armes‹. Alle Offiziere müssen dem König ›getreu und hold‹ sein; das gelte desto mehr ›von den Officiers von solchen Regimentern; indem bei solchen ein großer Unterschied ist, denn Sie immediatement an Sr. K. M. allerhöchste Person und Dero Königl. Haus attachiret sein, Schaden und Nachtheil zu verhüten, vermöge seines Eides.‹ Und nun kommt es: ›Da aber dieser Katte mit der künftigen Sonne tramiret zur Desertion, mit fremden Ministren und Gesandten allemal durch einander gesteckt, und er nicht davor gesetzet worden, mit dem Kronprinzen zu complottiren ...‹ Das Schreiben endet mit den berühmten Worten: ›Wann das Krieges-Recht dem Katten die Sentenz publiciret, soll Ihm gesagt werden, daß Sr. K. M. es leid thäte, es wäre aber beßer, daß er stürbe als daß die Justiz aus der Welt käme.‹ Katte hatte es mit der aufgehenden Sonne gehalten.« (Fußnote 148: R. Ahnert: Friedrich und Katte. Der Kronprinzenprozeß, Podzun-Pallas-Verlag, Friedberg o. J. [1982], S. 204.)

FRIEDRICH WILHELM I. neigte dem Pietismus zu, denn der Pietismus war um diese Zeit nicht nur eine bis in weite Kreise hinein angesehene und verfeinerte Glaubensvariante nach den Erschütterungen des Zeitalters der Konfessionskriege – er bot sich in Preußen geradezu an, um im Ausgang des 17. und zu Beginn des 18. Jh.s eine zeitgemäße Klammer um die Diskrepanz zwischen den seit 1613 reformierten HOHENZOLLERN und ihren lutherischen Untertanen zu bilden.

1729 wurden FRIEDRICHs Hofmeister gegen Gesellschafter ausgetauscht. Zu der neuen Umgebung gehörte auch HANS HERRMANN V. KATTE. KATTE, Sohn des HANS HEINRICH KATTE auf Wust, eines preußischen Obristen und Chefs eines Kürassierregiments, ist 8 Jahre älter als FRIEDRICH. KATTE bestätigte den Kronprinzen, der ohnehin zur Prädestinationslehre neigte, in einer nicht nur unter Religionsspöttern damals weit verbreiteten Konsequenz: Man wird zum Fatalisten. Wenn man voll von »Lastern« nicht anders ist als man ist – warum hat Gott die Menschen nicht besser geschaffen? Ein aufgeklärter Landprediger urteilt um 1800, der gewöhnliche Bauer und Landmann sei Fatalist, »sofern er sich erklärt, was ihm beschert sey und begegnen solle, werde ihm gewiß begegnen.« Von diesem Ineinander von Prädestinationslehre und stoischem Fatalismus war FRIEDRICH auch in späteren Jahren nicht frei.

Im Prozeß gegen den Kronprinzen hatte der König Fangfragen angeordnet, die den Verhörten zum Richter in eigener Sache machen sollten. Der aber war immer noch gewitzt genug, sie zu erkennen und dem König den Ball zurückzuspielen: der König solle urteilen.

»179. Was er meritire und für eine Strafe gewärtig sei?
R. Er unterwerfe sich des Königs Gnade und Wille.
180. Was ein Mensche, der seine Ehre bricht und zur Desertion complot macht, was der meritiret?
R. Er habe seine Ehre nicht gebrochen, nach seiner Meinung.
181. Ob er nicht leider Exempel genug gesehen bei dem Regiment, da er gestanden?
R. Ja. (...)
183. Ob er meritire, Landesherr zu werden?
R. Er könne sein Richter nicht sein.
184. Ob er sein Leben wolle geschenkt haben oder nicht?
R. Er submittire sich des Königs Gnade und Wille.
185. Dieweil er sich der Succession unfähig gemacht hätte, durch Brechung seiner Ehre, sein Leben zu behalten, ob er wolle die Succession abtreten und renunciieren, daß es vom ganzen Römischen Reiche confirmieret werde, um sein Leben zu behalten?
R. Sein Leben wäre ihm so lieb nicht, aber Se. Königl. Maj. würden so sehr ungnädig nicht auf ihn werden.«
(Fußnote [175]: Carl Hinrichs: Der Kronprinzenprozeß. Friedrich und Katte, Hamburg 1936)

Wieder KITTSTEINER: »Das Kriegsgericht verurteilt Katte nicht einmütig zum Tode, nur die jüngeren Majore wagen es nicht, dem König zu widersprechen und erkennen auf Todesstrafe, appellieren aber an seine Gnade. Die Kapitäne und Generalmajore votieren für ewige Festungshaft, da ja der böse Vorsatz nicht zur Ausführung gekommen sei. Der König ist bei diesem Urteil *not amused*, und da er von seinem Kriegsgericht kein anderes in seinem Sinne bekommt, muß er es nun selbst umbiegen. Dieses Vorgehen mag juristisch korrekt gewesen sein, denn der König konnte nicht nur Strafen mildern, sondern auch verschärfen. Im 18. Jh. allerdings pfiffen es die Spatzen von den

Dächern, was die dahinterstehende Überlegung gewesen war: ›Damit (sc. mit dem Urteil des Kriegsgerichts) war dem zornigen Könige nicht gedient, der sich freilich selbst sagen konnte und mußte: daß er sterblich sei, und der von Katt ihn gemächlich überleben, mithin die erleidende Festungsbau-Strafe von dem Thronfolger, um den er litt, mit reicher Gnade vergütet werden würde.‹ ...

Auch für Friedrich hält Katte ein Vermächtnis bereit. Zunächst eine Entlastung: Der Kronprinz möge nicht denken, daß er die Schuld an seinem Tode ihm zuschöbe, und mit Widerwillen gegen ihn aus der Welt ginge. Er beklagt dann ›1. Seine gehabte ambition 2. seine Gottes-Verachtung‹. Worin diese Gottes-Verachtung bestanden hat, wird Friedrich selbst am besten wissen. Wir wissen davon nur durch Kattes Gang zur Hinrichtungsstätte. Diese Prozession wird, wie damals bei bekehrten Sündern üblich, ab und zu angehalten, um dem Delinquenten Gelegenheit zu geben in einer Art Predigt sich an die Zuschauer zu wenden, um sie davon zu überzeugen, daß nun ein neuer Geist in ihn eingezogen ist. Katte ergreift diese Gelegenheit und sagt ›man hielte ihn für einen Atheisten, er hoffe, wir würden es anjetzt besser sein gewahr worden, er könnte hoch beteuern, er wäre es niemalen gewesen, auch sein Lebtag nicht dergleichen Bücher lesen wollen, wofür er einen Abscheu gehabt, dankte Gott anjetzt davor, daß es nicht geschehen, es würde ihm anjetzt noch sehr viel schwerer geworden sein, konnte aber nicht leugnen, daß er öfters eine Thesin mainteniret hätte, um seinen Verstand sehen zu lassen, davon er doch anders überzeuget gewesen, hätte aber befunden, daß da solches in belebten Gesellschaften vor sehr artig passiret, so hätte er auch so mitgemacht.‹

Das ist eine bemerkenswerte Aussage. Katte räumt ein, daß er ein *Scurra* oder Spötter war, der es darauf angelegt hatte, fromme Herzen zu betrüben, der aber in der höfischen Gesellschaft damit Gesinnungsgenossen gefunden hatte. In der letzten Vermahnung an Friedrich deutet er auch an, was der Gegenstand ihrer gemeinsamen Gedankenwelt gewesen sein könnte: ›Noch bittet Er zuletzt, der Kronprinz möchte ja nicht glauben eine Fatalität, sondern gewiß sein der Vorsehung und Regierung Gottes auch in allen Kleinigkeiten.‹ Katte vermahnt seinen Freund auf die Vorsehung nicht nur im Großen und Ganzen, sondern auch in allen Belangen des täglichen Lebens. ...«

Nach FONTANE haben sich die Freunde so voneinander verabschiedet: »Mon cher Katte, rief ihm der Kronprinz zu, nachdem er ihm mit der Hand einen Kuß zugeworfen hatte, je vous demande mille pardons.« Worauf KATTE mit Reverenz antwortete: »Point de pardon, mon prince; je meurs avec mille plaisirs pour vous.« (Fußnote [196]: Theodor Fontane: Wanderungen durch die Mark Brandenburg, Zweiter Teil. Das Oderland. Barnim-Lebus, Stuttgart und Berlin 1925, S. 228 ff).

KITTSTEINER beendet das Kapitel Katte so: »Die schon von Lavisse und Hegemann geäußerte Vermutung, Katte sei letztlich hingerichtet worden, um den Prinzen von Grund auf zu erschüttern, ihm ein Erweckungserlebnis besonderer Art zukommen zu lassen, findet in den Worten Müllers eine eindeutige Bestätigung. Der König wolle nicht den Untergang Friedrichs, sondern seine Besserung. Das erkenne man daran, daß ›der König den Katten vor des Kronprinzen Augen hätte richten lassen, um dadurch den Kronprinzen zum ernstlichen und gründlichen Nachdenken zu bringen.‹ Eine wahrhaft preußische Art der Erziehung. Später fragt der Vater einmal seinen Sohn: ›Hast Du Katten verführt, oder hat Katte dich verführt?‹ Worauf der Kronprinz ohne zu häsitiren antwortet: ›Ich habe ihn verführt‹, worauf S. K. M. replicirten: ›Es ist mir lieb, daß Ihr einmal die Wahrheit gesaget.‹ –«

DIE SUMME DER SUCHE NACH KOMMA UND PUNKT

Die zieht KITTSTEINER im 9. und Schlußkapitel, indem er schreibt: »SANS, SOUCI. Was würde diese letzte Lesart für das Komma bedeuten? Wenn man sie auf die geistige Entwicklung Friedrichs bezieht?

OHNE CALVINISMUS – d. h. ohne Prädestinationslehre – (ist man) OHNE SORGEN (als) DEIST.

Bezogen auf die Lebensgeschichte mit Einschluß der Katte-Tragödie, könnte es dann so lauten: ohne den jugendlichen Fatalismus ist man *sans souci* mit einem religiös-philosophischen System, das von den frühen Leiden und Irrtümern schon weit entfernt ist. Das klingt nach gereifter Einsicht, ja sogar ein wenig nach Versöhnung mit dem Vater. Zu überprüfen wäre in diesem Falle nur, ob Friedrich dem Fatalismuss ganz und gar abgeschworen oder die Vermahnung Kattes auf die christliche Vorsehung angenommen hatte.

Friedrichs Deismus unterstellt Gott als Weltbaumeister, der im Sinne der Leibniz-Wolfischen Philosophie mit dem Universum einen guten Plan verfolgt hat, nun aber nicht mehr in die Geschichte eingreift, sondern die Ausführung des Planes den Menschen überläßt. (Fußnote ²¹¹: »Danach ist Gott nicht gnädiger Lenker der Geschichte, sondern Architekt des Universums, ferner Geist, welcher die Weltschöpfung angestoßen und der Welt bestimmte ewige Gesetze eingestiftet hat. Wie der Uhrmacher ein Uhrwerk mit größter Präzision herstellt und es dann laufen läßt, ohne weiterhin einzugreifen, so hat Gott die Ordnung der Welt als erster Beweger nur grundlegend eingerichtet, überläßt die Entwicklung der Natur und den Lauf der Geschichte aber sich selbst. Nach diesem deistischen Grundsatz greift der weltenferne Gott nicht in die Geschicke der Menschen ein.« W. D. Hauschild, Religion und Politik bei Friedrich dem Großen, a. a. O. S. 195).

Schon gar nicht greift er in die Geschicke einzelner Wesen ein, wie Friedrich in einem Brief an Maupertuis deutlich macht: Die Vorsehung ist ›taub bey dem Geschrey des hirnlosen Pöbels‹; mit großen Entwürfen für ganze Geschlechter – und da kommt nun doch wieder die Geschichte herein – mag sich Gott aber sehr wohl befassen. Und diese Gesetze der Vorsehung haben wir schweigend zu akzeptieren. Bei Kant ist daraus nur etwas später eine ›Teleologie in praktischer Absicht‹ und eine *Naturabsicht* mit dem menschlichen Geschlecht geworden. (Fußnote ²¹²: I. Kant: Ideen zu einer allgemeinen Geschichte in weltbürgerlicher Absicht, AT, Bd. VIII, S. 17–31.)

Wahrscheinlich ist es richtig zu sagen, daß die Begriffe *Zufall, Schicksal oder Vorsehung Gottes* bei Friedrich nebeneinander bestehen bleiben, und je nach Erfahrungshaushalt oder wechselnder Seelenlage das eine oder andere Moment in den Vordergrund tritt. ...

Was hatte Kant an einem kritischen Punkt unserer Forschung gesagt? ›Denn die menschliche Vernunft ist so baulustig, daß sie mehrmals schon den Thurm aufgeführt, hernach aber wieder abgetragen hat, um zu sehen, wie das Fundament desselben wohl beschaffen sein möchte.‹ – Leider sind in unserem Fall die Fundamente vollständig nicht freizulegen, denn wir bauen hier nicht in der klaren Luft der *Kritik der reinen Vernunft*, sondern schlagen uns durch das empirische Unterholz der Historie. Gehe ich die Varianten der Komma-Deutung durch, so haben sie alle etwas für, aber auch etwas gegen sich. Die erste Auslegung: ›Ohne den alten Calvinisten ist man *sans souci* als Deist‹ paßte zum Haß der ›enfants sans souci‹ auf den Vater – der aber war nicht als ›Calvinist‹ anzusprechen, ja die Versuche, dem jungen Friedrich den Calvinismus-Fatalismus auszutreiben, bildeten mit der Hinrichtung Kattes den Höhepunkt der väterlichen Erziehungskunst. Dann wäre der Selbstbezug, die eigene Entwicklung vom Fatalisten zum Deisten, trotz späterer Irritationen zumindest gleichberechtigt. ›Ohne Fatalismus lebt man sorgenfrei als Deist.‹ Eine durchaus mögliche Vorsehung ist kein blindes Fatum mehr, sondern sie ist einem Gott unterstellt, der mit seinem Finger allerdings nicht mehr in der Weltgeschichte herumrührt; daher trägt man zur Vorsicht und aus freiem Willen eine Opiumschachtel bei sich und erinnert sich, wenn es ans Sterben geht, rechtzeitig an das Dritte Buch des Lukrez. Und drittens gibt es immer noch die *Virgula-Variante*, die in der heitersten Fassung so zu buchstabieren wäre: ›Ohne Rütchen sorgenfrei‹ Sie kommt fast ganz ohne Geheimschrift aus – zumindest bedarf sie nicht der Geheimen Polizeischrift des Grafen von Vergennes. (Fußnote [220]: Stutzig gemacht hat mich der etymologische Kern des Namens ›Vergennes‹ mit ›verge‹ – Rütchen, Stäbchen. Wäre hier nicht eine prästabilierte Harmonie des Namens des Erfinders der geheimen Polyzeyschrift mit der *Virgula-Variante* zu erforschen? So daß man diese z. Zt. noch ›unschön weit‹ auseinanderstehenden Hypothesen systematisch verbinden könnte?) Aber sie steht und fällt mit der Glaubwürdigkeit des Berichtes von Johann Georg Zimmermann. Was ist zu tun? Soll man ein Geflecht aus allen drei Bedeutungen annehmen? Aber wäre das kleine Komma damit nicht überfrachtet? Habe ich, frei nach Foucault, die Todsünde begangen, das Komma als ›Dokument, als Zeichen für etwas anderes‹ zu behandeln, anstatt als ›Monument‹ seiner selbst? (Fußnote [221]: Michel Foucault: Archäologie des Wissens, Frankfurt/M 1973, S. 998).

Aber wenn alles nur es selbst wäre, wozu bräuchte man dann allegorisch anders zu lesende Geheimschriften? Und was soll man sich unter einem Komma als ›Monument‹ vorstellen?

Zu viele Fragen sind offengeblieben, das müssen wir uns am Ende unseres Forschungsberichtes eingestehen. …«

Und doch hat der sehr viel deutlicher machen können, was sich an kompliziertem Erleben und Denken des »Alten Fritz« in der rätselhaften Inschrift SANS, SOUCI . verbergen mag, bisher kaum bekannt, und nie zuvor wirklich gründlich bedacht. Von einem wahren Wissenschaftler und aufmerksamen Leser im abduktiven Sinn und also mitfühlendem Denker.

Quellenverzeichnis

BND	=	Brandenburgisches Namenbuch. In: Berliner Beiträge zur Namenforschung; hg, von H. H. Bielfeldt und T. Witkowski. Verlag Hermann Böhlaus Nachfolger, Weimar 1967 ff.
3	=	Gerhard Schlimpert: Die Ortsnamen des Teltow. Weimar 1972
4	=	Reinhard E. Fischer: Die Ortsnamen des Havellandes. Weimar 1976
5	=	Gerhard Schlimpert: Die Ortsnamen des Barnim. Weimar 1984
Duden	=	Dieter Berger: Geographische Namen in Deutschland; Herkunft und Bedeutung der Namen von Ländern, Städten, Bergen und Gewässern. Dudenverlag Mannheim-Leipzig-Wien-Zürich, 1993 (TB 25)
Hist X	=	Historische Stätten Deutschlands Bd. X., hg. Prof Dr. Gerd Heinrich. Alfred Kröner Verlag, Stuttgart ²1985
Kunst	=	Heinrich Kunstmann: Die Slaven. Ihr Name, ihre Wanderung nach Europa und die Anfänge der russischen Geschichte in historisch-onomastischer Sicht. Franz Steiner Verlag, Stuttgart 1996
1	=	dito: Beiträge zur Geschichte der Besiedlung Nord- und Mitteldeutschlands mit Balkanslaven. Band 217, Slavistische Beiträge; Verlag Otto Sagner, München 1987
25	=	dito: Was bedeutet der Name Schlesien? (MS 1999)
26	=	Slaven und Prußen zwischen Weichsel und Memel (MS 2003)
MEL	=	Meyers Enzyklopädisches Lexikon in 25 Bänden. Neunte, völlig neu bearbeitete Auflage zum 150jährigen Bestehen des Verlages. Bibliographisches Institut, Mannheim 1971
Schramm	=	Gottfried Schramm: Frühe Sammelbezeichnungen für slawische Stämme und ihr geschichtlicher Hintergrund. In: Ein Damm bricht, Die römische Donaugrenze und die Invasionen des 5. Jahrhunderts im Lichte von Namen und Wörtern. R. Oldenbourg Verlag, München 1997
Weisgerber	=	Leo Weisgerber: Walhisk. In: Rhein. Viertelj. Blätter 1948, S. 87 ff.; und: Deutsch als Volksname. 1953

ORTSNAMENKUNDLICHE STUDIEN

Ab 1965 hat Haefs die folgenden Ortsnamenbücher erarbeitet, die jetzt nach und nach erscheinen:

1. Handbuch deutschsprachiger Ortsnamen (der Dörfer und Städte, der Flüsse, Gebirge und Landschaften innerhalb der Grenzen des Alten Reichs um 1300) (ISBN 3-8330-0854-7)
2. Allerorten leben Menschen mit Geistern und Götzen (von Ahorntal über Kiel, und München, über Wien und Prag und Zagreb, über Krakau und Bamberg und Regensburg bis Zerbst, sowie über Greifswald und Stralsund – und zu den Ortsnamen die zur Namensdeutung wichtigen Ortslegenden wie die von Krakau: in der Julius Caesear dreimal Schlachten verloren hat)
3. Ortsnamen und Ortsgeschichten aus Baden-Württemberg: Anmerkungen zur Geschichte der Landschaft und der ältesten Herzogshäuser, der Städte und Flüsse
4. Ortsnamen und Ortsgeschichten in Bayern: Anmerkungen zur Geschichte der Namen und Landschaften Baiern, Franken, Rhön, Schwaben, der Städte und Dörfer und Klöster, sowie der Bedeutung von Römern und Rätern und Skiren und Slawen
5. Ortsnamen und Ortsgeschichten von Brandenburg (zunebst Preußen): Namen und deren Deutungen von Landschaften und Flüssen und Städten sowie der Adelshäuser und der Klöster
6. Ortsnamen und Ortsgeschichten in Hessen: Anmerkungen zur Geschichte der Landschaften und der Adelshäuser wie des Hauses Nassau, heute Oranien (in den Niederlanden und Luxemburg), und zur Deutung der Ortsnamen grenzüberschreitender Landschaftsnamen wie der Rhön
7. Ortsnamen und Ortsgeschichten in der Lausitz – den beiden Lausitzen: der sächsischen Oberlausitz (mit starken Beziehungen sprachlich und geschichtlich zum Schlesischen und Böhmischen), der brandenburgischen Niederlausitz (mit starken Beziehungen sprachlich und geschichtlich zu Polen und Schlesien)
8. Ortsnamen und Ortsgeschichten im Reiche Lotharingien: Lothringen, Luxemburg, Saarland – Anmerkungen zur Siedlungsgeschichte und Geschichte der heutigen 3 Länder sowie zu den Ortsnamen aus keltischem, lateinischem, germanischem Wortmaterial (etwa Vianden = Wien)
9. Ortsnamen und Ortsgeschichten aus Mecklenburg-Vorpommern: Anmerkungen zur Entwicklung der Länder unter slawischer, dänischer, schwedischer, deutscher Vorherrschaft anhand der Ortsnamen und

ihrem Entstehen sowie ihrer Entwicklung aus byzantinisch-slawischer Wurzel ins Germanische, und aus deutscher Wurzel (ca. 60% mindestens sind slawischen Ursprungs)
10. Ortsnamen und Ortsgeschichten aus Niedersachsen zunebst Bremen und Hamburg: Anmerkungen zur Geschichte der Länder und ihrer Stämme (wie der Sachsen und der Heunen/Hünen) sowie der fränkischen Macht und der Kirchen und Klöster
11. Ortsnamen und Ortsgeschichten aus Nordrhein-Westfalen: Anmerkungen zur Siedlungs- und Stammesgeschichte von Franken und Heunen/Hünen, der römischen Vorherrschaft und der fränkischen Macht, der Erzbischöfe und der Klöster, sowie der Städte und Flüsse
12. Ortsnamen und Ortsgeschichten von Ostfriesland: Anmerkungen zur Geschichte der Friesen und ihres Landes sowie dessen Besiedlung u. a. durch Kirche, Klöster und Häuptlingsgeschlechter
13. Ortsnamen und Ortsgeschichten aus Rheinland-Pfalz: Anmerkungen zur Geschichte der Länder seit keltischer und römischer Zeit und zu ihrer Besiedlung durch Kirche und Klöster und Fürstenhäuser bis zu den Wittelsbachern (die nachmals Baiern übernahmen und von Napoléon zu Königen in Bayern gemacht wurden)
14. Ortsnamen und Ortsgeschichten aus der Rhön und dem Fuldaer Land: Anmerkungen zur verworrenen Geschichte des dreigeteilten Landes und seiner Besiedlung vor allem durch Klöster und Kirchen, aber auch Fürstenhäuser (ISBN 3-931796-99-X)
15. Ortsnamen und Ortsgeschichten auf Rügen mitsamt Hiddensee und Mönchgut: Anmerkungen zur Geschichte der slawischen Ranen, der Herrschaft von Klöstern und Dänen und Schweden, von Preußen und Deutschen; und Bemerkungen zum Minnesänger Wizlaw III., dem »jungen Helden von Rügenland« und letztem ranischen Fürsten
(ISBN 3-8330-0845-8)
16. Ortsnamen und Ortsgeschichten aus Sachsen: Anmerkungen zur slawischen Geschichte (die ca. 60% aller Ortsnamen hinterlassen hat) und zur späteren deutschstämmigen Einwanderung sowie dem sorbischen Überleben
17. Ortsnamen und Ortsgeschichten aus Sachsen-Anhalt: Anmerkungen zur slawischen Geschichte (die ca. 60% aller Ortsnamen hinterlassen hat) und zur späteren deutschstämmigen Einwanderung, zu askanischen Fürstentümern, zur deutschstämmigen Siedlungsarbeit der Kirche und der Klöster
18. Ortsnamen und Ortsgeschichten aus Schleswig-Holstein zunebst Helgoland und Nordfriesland, Fehmarn und Lauenburg: Anmerkungen zum dänischen und sächsischen und slawischen Anteil an der Besiedelung, sowie der Entwicklung der Herzogtümer bis zur preußischen

Eingliederung (mitsamt dem Anteil von Kirche und Klöstern an der Siedelarbeit innerer Kolonisation, der Bedeutung der Dithmarscher, und der Stormarer) (ISBN 3-8334-0509-0)
19. Ortsnamen und Ortsgeschichten aus Thüringen: Anmerkungen zur slawischen Geschichte (die ca. 60% aller Ortsnamen hinterlassen hat) und zur späteren deutschstämmigen Siedlungsarbeit von Kirche, Klöstern und deutschen Fürsten
20. Siedlungsnamen und Ortsgeschichten aus Berlin: Anmerkungen zur Geschichte der slawischen Siedlung, die dann deutscher Fürstensitz, preußische Hauptstadt und schließlich Hauptstadt Deutschlands bzw. nach dem Zwischenspiel »DDR« heute der Bundesrepublik Deutschland wurde (einschließlich der Rolle der Hohenzollern)
(ISBN 3-8334-2317-X)
21. Siedlungsnamen und Ortsgeschichten aus Bremen: Anmerkungen zur Geschichte von Hafenstadt und Bundesland sowie des Erzbistum
(ISBN 3-8334-2313-7)
22. Siedlungsnamen und Ortsgeschichten aus Hamburg: Anmerkungen zur Geschichte von Hafenstadt und Bundesland und der Vertreibung der Erzbischöfe nach Bremen durch die Slawen, sowie der »Rolande«
23. Siedlungsnamen und Ortsgeschichten aus München – zunebst des Reichs des Samo, den römischen Städten, den sogenannten »Nibelungenstädten«: Anmerkungen zum rätischen wie römischen Einfluß, zum slawischen Einfluß und dem Einfluß des »Nibelungenliedes« aus Passau
24. Siedlungsnamen und Ortsgeschichten aus Prag und Libice und Znaim: Anmerkungen zum Entstehen der Orts- und Flußnamen, aus denen die Zwanderung slawischer Stämme aus dem Balkanraum mit byzantino-slawischen Namenformen erkennbar wird (ISBN 3-8334-0553-8)
25. Siedlungsnamen und Ortsgeschichten von 5 sächsischen Städten: Chemnitz – Dresden – Freital – Leipzig – Zwickau: Anmerkungen zu den Ortsnamen, die das Überwiegen slawischer Ortsnamenwurzeln erkennen lassen sowie das schrittweise Vorrücken germanisch/deutscher Einwanderung
26. Siedlungsnamen und Ortsgeschichten aus Wien (zunebst: Anmerkungen zur Rolle der Habsburger): wie aus dem keltischen Vedunia das römische Vindobona und das deutsche Wien wurde, und was ihm alles geschehen ist
27. Ortsnamen und Ortsgeschichten aus Belgien: Anmerkungen zum Entstehen des Königreichs seit keltischer und römischer Zeit, unter französischer und Reichs-Herrschaft sowie das Raubkönigtum Leopolds II.
28. Ortsnamen und Ortsgeschichten aus Bulgarien: Anmerkungen zum Entstehen des 1. (Pamir)Bulgarischen Königreichs, des 2. (Slawo)-Bul-

garischen Königreichs, der osmanischen Zwangsherrschaft nach der byzantinischen, des 3. (sachsen-coburg-gotaischen) Königreichs, der kommunistischen Zwangsherrschaft, der jetzt freien Republik
29. Ortsnamen und Ortsgeschichten aus den Niederlanden: die römische Herrschaft, die Herrschaft der Prager und Wiener Kaiser, der nassauischen Fürsten aus Hessen, die spanische Gewaltherrschaft, der Sieg des Protestantismus und Calvinismus
30. Ortsnamen und Ortsgeschichten aus Österreich: Anmerkungen zum Entstehen der Baierischen Ostmark, den Kämpfen der Herzogshäuser, dem Sieg der Habsburger, ihrem Kampf gegen die osmanischen Türken, den komplizierten slawischen und balkanischen Einflüssen sowie dem Einfluß der Klöster auf die Siedlungsgeschichte
31. Ortsnamen und Ortsgeschichten Polens: Anmerkungen zu den vielfältigen balkan-slawischen Einflüssen, der Adelsrepublik, dem Königtum (einschließlich der Sachsen), den polnischen Teilungen, den Schlachten Napoléons, der Preußen, der Russen, der Deutschen usw. – und die byzantinoslawischen Ortsnamenwurzeln (einschließlich der Geschichte und den Rübezahl-Sagen Schlesiens)
32. Ortsnamen und Ortsgeschichten aus der Schweiz: namenkundliche Anmerkungen zur vielfältigen Entstehungsgeschichte der Confoederatio Helvetiae (rätisch = ostsemitisch, römisch, keltisch, slawisch, germanisch, deutsch usw.)
33. Ortsnamen und Ortsgeschichten aus Slowakei: Anmerkungen zur Geschichte slawischer Einwanderer aus dem byzantinischen Balkan und ihrer Beeinflussung durch Deutsche, Ungarn, Türken, Kommunisten usw.
34. Ortsnamen und Ortsgeschichten aus Südtirol: Anmerkungen zur Entwicklung des Landes aus rätischer Wurzel unter römischem Einfluß und bairischer Herrschaft sowie gewaltsamer Einverleibung nach Italien
35. Ortsnamen und Ortsgeschichten in Tschechien (Böhmen + Mähren + Mährisch-Schlesien): Anmerkungen zur verschlungenen Geschichte eines Landes, das einst die bedeutendsten Kaiser des Heiligen Römischen Reichs (das sich ab 1404 »Deutscher Nation« zubenannte) gestellt hat und eine der schönsten Städte des Reichs, das goldene Prag, entstehen sah)

Völkerkundliche Studien

Er hat aus dem Material außerdem die folgenden länderkundlichen Studien erarbeitet, die jetzt ebenfalls erscheinen:

36. Wege zur Lochmühle: die Geschichte des Hotels im Ahrtal, zu dem im 18. Jahrhundert bereits englische, im 19. Jh. dann auch deutsche Zeichner und Maler aus der Düsseldorfer Malerschule aufbrachen und hier Grundlagen der romantischen Malerei erarbeiteten
37. Gabriel Ferry + Karl May + Captain Reid = Winnetou + Old Shatterhand (+ alle Indianersprachen Nordamerikas) + KMs »abduktive Logik« + Friedensphilosophie und Abrüstungstheorie
38. Reisen um Mitteleuropa (auf der Suche nach seinen Menschen, Geistern und Götzen)
39. Die Geschichte der Graeco-Tschechen, der Germano-Deutschen, Hitlers Mord-Diktatur und der Beneš-Dekrete: mußte das sein?
40. Bulgarien – oder die Goldenen Reiche der Pamirbulgaren
    a) Die neolithische Wiege der abendländischen Kultur bei Warna
       Warna   ISBN 3-8334-0563-X
    b) Vor Troja kämpften auch Thraker   ISBN 3-8334-2321-8
    c) Das Goldene »Reich der Pamirbulgaren an Donau und Wardar«
    d) Slawo-Bulgarien unter den Osmanen, das 3. Königreich, die kommunistische Zwangsherrschaft
41. Vom Ursprung der slawischen Völker
42. Slawen aus Byzanz
43. Der Mongolensturm 1240/42 gegen das Abendland: der Untergang der Kiewer Rus, die Auflösung des alten Königreichs Ungarn, der Zusammenbruch des Heil. Röm. Reichs Karls des Großen und Friedrichs II.
44. Chinesische Romane
45. Der Kontinent China der 1000 Völker
46. Die Atzerather Enzyklopädie des nutzlosen Wissens
    a) Handbuch des nutzlosen Wissens   ISBN 3-423-20111-8
    b) Das 2. Handbuch des nW   ISBN 3-8311-3754-4
    c) Das 3. Handbuch des nW   ISBN 3-8311-3755-2
    d) Das ultimative Handbuch des nW   ISBN 3-423-20206-8
    e) Neues nW für die Westentasche   ISBN 3-7254-12222-7
    f) Das digitale Handbuch des nW   ISBN 3-932544-79-X
       (dtv. Digitale Bibliothek)

In diesen bedeutenden Sammlungen des nutzlosen Wissens werden zunächst generell »die üblichen Verdächtigen« behandelt:
- Die geheimsten Geheimnisse der Natur (»Die Larven der blutgierigen Stechmückenweibchen Culiseta longiareolata greifen sogar Kaulquappen der Wechselkröte Bufo viridis an.«)
- Von den Völkern, ihren Eigenschaften, Eigenheiten, Riten, Sitten u. ä. (»udmurte heißt auf udmurtisch Mensch auf der Wiese.«)
- Geschichte, wie sie wirklich war (»Das Jahr vor Christus war das letzte mit einem 30. Februar.«)
- Auch Staaten haben ihre Affären (»Das Bajonett hat seinen Namen von der französischen Stadt Bayonne.«)
- Von Recht und Gesetz und law and order (»Der längste Rechtsstreit der Geschichte endete am 28. April 1966, als im indischen Poona das Gericht zugunsten von Balasaheb Patoji Thorat entschied, dessen Vorfahr Maloji Thorat den Prozeß wegen einer Frage des religiösen Protokolls im Jahre 1205 anhängig gemacht hatte.«)
- Von Personen und Persönlichkeiten (»Alle Menschen haben im Durchschnitt weniger als 2 Beine.«)

Doch gibt es darüber hinaus auch »besonders Verdächtige«, die in den einzelnen Bänd(ch)en einzeln verhört und vorgeführt werden.

47. Von König Amphiaraos über Vlad Țepeș und Gille de Rais zu Graf Dracula und den Vampiren
48. Von der Thidreks-Chronik zu Bonn zum Nibelungenlied aus Passau
ISBN 3-8334-1544-4
49. Drachenwelten – Welt voller Drachen?
50. Vom neolithischen Weihealtar »Weiser Stein« im Naturpark Eifel-Venn, den spätgotischen Wandmalereien in Wisobrunna = Wiesenbach, dem Matronenkult im Ubierland, dem Namen des Klosters Malmedy, »Eifel« und »Venn«.
51. moai und rongorongo auf Rapa Nui.   ISBN 3-8334-2337-4
52. ich, die Kirche und der liebe Gott
53. Ahasver – oder: Bericht über die Lüste unordentlichen Lesens
54. Vom Abitur der O I b des Ako 1955 bis zum Goldenen Abitur 2005 – Wie Opas zur Brücke zwischen ihren eigenen Großeltern und ihren Enkelgenerationen werden   ISBN 3-8334-2344-7
55. Die indianische Geschichte
56. Wie in 1000 Jahren Polen entstand

HANSWILHELM HAEFS
(sprich: Haafs)

geb. 11. XI. 1935 in Berlin
   Gymnasium Thomaeum in Kempen, Gymnasium Aloisianum in Bad Godesberg. Studium der Slawistik, der Allgemeinen und Angewandten Sprachwissenschaft, der Vergleichenden Religionswissenschaft, der Völkerkunde in Bonn, Zagreb und Madrid.
   1958–1964 Redakteur, 1964 bis 1980 Chefredakteur im Siegler-Verlag, des »Archiv der Gegenwart«, des »Weltalmanach«, des »Europa-Forum«, bis 1985 Herausgeber der »Dokumentation der Deutschlandfrage« und der »Dokumentation zu Abrüstung und Sicherheit«, 1985 bis 1990 Herausgeber des »Fischer-Weltalmanach«.
   Seither als freier Publizist Autor u. a. des (bisher fünfbändigen) »Handbuch des nutzlosen Wissens« (München, 1989 ff.) und Übersetzer u. a. aus dem Englischen und Französischen (von Ambrose Bierce, G. K. Chesterton, Anatol France, Robert Harris, AnneMarie LeGloannec, Guy de Maupassant, Vladimir Nabokov, Lawrence Norfolk usw.) sowie aus dem Russischen (Arnošt Kolman: Die verirrte Generation. So hätten wir nicht leben sollen. Frankfurt/Main 1992).
   Seit 1965 vor allem Arbeiten an den deutsprachigen Ortsnamen im Rahmen des Alten Reiches in dessen Grenzen von ca. 1300; veröffentlichte hunderte von Artikeln und Aufsätzen in Zeitungen und Zeitschriften, und an eigenständigen Publikationen u. a. »Die Ereignisse in der Tschechoslowakei 1967 bis 1968. Ein dokumentarischer Bericht« (Bonn-Wien-Zürich 1969), »Der deutsche Museumsführer« (Frankfurt/Main 1983) und »Die deutschen Heimatmuseen« (Frankfurt/Main 1984).
   Haefs lebte 1935–1945 in Berlin, 1945–1953 in Wachtendonk, 1953–1987 in Bad Godesberg, 1987–1996 in Ramscheid/Eifel, und lebt seither in Atzerath bei St. Vith (Belgien).